亲近自然丛书

Learning is in Bloom
Cultivating Outdoor Explorations

幼儿园户外探索与学习

［美］Ruth Wilson 著
邹海瑞 廖宁燕 等 译

中国轻工业出版社

图书在版编目(CIP)数据

幼儿园户外探索与学习/(美)露丝·威尔逊
(Ruth Wilson)著；邹海瑞，廖宁燕等译. —北京：中国轻工业出版社，2020.3（2023.8重印）
（亲近自然丛书）
ISBN 978-7-5184-2644-7

Ⅰ.①幼⋯ Ⅱ.①露⋯ ②邹⋯ ③廖⋯ Ⅲ.①活动课程－学前教育－教学参考资料 Ⅳ.①G613.7

中国版本图书馆CIP数据核字（2019）第194345号

版权声明

Learning is in Bloom: Cultivating Outdoor Explorations
Copyright © 2016 Ruth Wilson.
Published by Gryphon House, Inc.
All rights reserved. No part of this publication may be reproduced or transmitted in any form or by any means, electronic or technical, including photocopy, recording, or any information storage or retrieval system, without prior written permission of the publisher. Printed in the United States. Every effort has been made to locate copyright and permission information.

责任编辑：王慧超　张天怡
策划编辑：高　君　　　　责任终审：杜文勇
责任校对：刘志颖　　　　责任监印：吴维斌

出版发行：中国轻工业出版社（北京东长安街6号，邮编：100740）
印　　刷：三河市双升印务有限公司
经　　销：各地新华书店
版　　次：2023年8月第1版第5次印刷
开　　本：710×1000　1/16　印张：9.5
字　　数：100千字
书　　号：ISBN 978-7-5184-2644-7　定价：48.00元

读者热线：010-65181109，65262933
发行电话：010-85119832　传真：010-85113293
网　　址：http://www.chlip.com.cn　http://www.wqedu.com
电子信箱：1012305542@qq.com
如发现图书残缺请拨打读者热线联系调换
190278Y1X101ZYW

献给所有的自然灵魂塑造者

译 者 序

《幼儿园户外探索与学习》(*Learning Is in Bloom: Cultivating Outdoor Explorations*)一书重点围绕三个问题展开论述——"什么是儿童亲近自然？""为什么让儿童亲近自然？""如何让儿童亲近自然？"本书不仅向读者介绍了儿童亲近自然的内涵和意义，论述了儿童亲近自然对培养儿童的好奇心、创造力、问题解决能力和生态身份等方面的重要价值，而且将儿童早期教育与环境教育整合起来，基于儿童的实际需要，从实践层面向读者展示了 40 个翔实且容易操作的实践活动方案，以适宜发展的方式让儿童亲近自然，为教师提供许多有益的参考，从而激发儿童探索自然的兴趣。

对于儿童与大自然的关系的阐述，表明当前儿童与自然疏离的现状以及面临的问题，突显了让儿童与大自然的节奏紧密相连的紧迫性和重要性。同时，本书重点探讨了教师促进儿童亲近自然的方法。通过对"游戏""探索和实验""室内外的连通""语言、读写和艺术活动"等不同角度的详细介绍，阐明上述几个方面在促进儿童亲近自然中所发挥的重要作用。

全书以"让儿童积极地亲近自然，促进儿童的整体发展"为基本理念，倡导教师引领儿童投入具有探索性的自然环境，鼓励儿童在大自然和游戏中利用观察、探索和实验等方式，与大自然亲密接触、彼此相融。本书有针对性地为不同类型的读者提供了许多可以参考的自然教育优质资源，包括相关指导方针、书籍等，帮助读者推进儿童与自然之间积极联系的建立，激励儿童自发参与活动，主动体验。这对教师、幼儿父母、社区人员以及其他社会工作人员来说，都具有极大的借鉴价值。

本书运用大量具体且有说服力的事例和研究，让我们深刻地意识到，儿童与大自然的积极接触，一方面可以培养儿童对大自然的热爱，意识到地球资源的有限性，进而采取行动推动环境的可持续发展，成为一个有环境素养的人；另一方面有助于培养儿童的好奇心、激发创造力，产生对学习和生活的热情，这份热情将会滋养儿童的一生。基于本书的研究成果，希望能够给予家长或者教育工作者以思想上的启迪，让他们重新审视儿童与大自然的关系，使儿童成为最大的受益者。

本书也为我们提供了翔实且极具操作性的实践活动方案，有助于指导教育工作者和非教育专业人士在实践中促进儿童亲近自然，同时让儿童在与大自然接触的过程中收获知识，茁壮成长。这对于不知道如何让儿童积极地亲近自然的读者来说，无疑是个好消息。

整本书的理论体系对我国儿童自然教育的理论建构和实践指导具有特殊价值。近几年，自然教育备受关注和重视，但是从事自然教育的机构和教育工作者普遍缺乏系统的自然教育理论支撑。更重要的是，缺乏可直接操作的自然教育课程。本书刚好可以帮助读者解决这两个问题，从而有效地推动自然教育的发展。

我们十分庆幸拥有与大自然亲密接触的童年，大自然中的一花一树都是我们的玩具，一虫一鸟都是我们的玩伴，给我们的童年带来了缤纷的色彩。如今，儿童与大自然的联系正在逐渐淡化，这对于儿童来说无疑是一种遗憾，不利于他们的整体发展。因此，作为教育工作者或者幼儿父母，我们都应该行动起来，让我们的孩子在大自然的关怀下健康成长。

在翻译的过程中，我们发现了一些之前不曾关注到的有关自然环境的教育契机。我们过去习惯把自然教育的内容简单地概括为对植物和风景的认识，然而本书却给了我们更多的启发，例如，模仿与扮演动物、户外表演、户外讲故事、利用植物进行艺术创作等都是大自然中的教育。我们体会最深的是，儿童与大自然的联系！要实现儿童与大自然的有效互动，我们认为，首先，要激发儿童的探索兴趣和好奇心；其次，教师要让儿童积极地参与户外活动，并提供适宜的支持，例如提供探索方法、技巧及方向等，促使儿童归纳与总结已有经验，再基于儿童的已有经验帮助他们梳理和提升知识、经验；最后，操作材料是儿童与自然的互动过程中必不可少的环节，儿童只有通过直接操作和探索才能更好地了解和理解自然世界。

  本书的翻译工作由广西师范大学学前教育系邹海瑞博士及其团队成员廖宁燕、孙妤、黄春艳、黄钰婷、高碧涛、黄燕婷、李晨星、莫人凤、产婵婵、沈诗慧集体完成，最后由邹海瑞统稿。特别鸣谢英国 Bright Kids 日间托育中心和 Stone Hen Childcare 幼儿园为本书提供的支持。由于译者水平有限，加之时间仓促，翻译不当之处，敬请读者斧正。

邹海瑞
2019 年 7 月

前　　言

　　本书论述了儿童与大自然的关系，阐述了什么是儿童亲近自然，儿童为什么要亲近自然，以及我们如何让儿童亲近自然。读者将会发现40个有效激发儿童探索大自然的实践活动，包括探访室内外、学校操场和附近街区。这些活动的主要目标是既培养儿童对大自然的热爱之情，同时也促进他们在所有领域的教育与发展。

　　儿童若要获得整体发展，成为有环境素养的个体，就要经常与大自然进行积极的接触。让儿童亲近自然应该着重培养儿童的好奇心，而不是向他们教授事实与真相，应该培养他们良好的学习倾向，而不是让他们迎合学业要求，或者养成基于某种标准的能力。可是，儿童的学业表现仍是人们热切关注的重点。本书则通过多种多样的活动探讨科学、数学、读写和艺术的学习，如用种子在沙子里做实验、用自然材料制作名牌、用非正式测量方法比较叶子的大小。此外，本书也针对如何将有特殊需要的儿童考虑在内和如何应对儿童的恐惧问题提供了建议。书中的指导建议有助于教师了解如何以发展适宜且环境友好的方式促进儿童亲近自然，所呈现的活动可以促进儿童的科学和哲学探究，有利于培养儿童的同情心、关怀之情，增强儿童的自我激励能力和独立性。本书还谈及自然游戏、自然游戏空间、作为整合性环境的自然、生态身份和环境素养。

目　录

导　言 ·· 1

第 1 章　让儿童亲近自然的节奏 ······································· 6
自然与儿童 ·· 6
当前儿童与自然界的疏离 ·· 11
儿童权利 ··· 14
指导建议 ··· 15
现行方式 ··· 20
目的明确 ··· 22
我们与儿童工作的节奏 ··· 27

第 2 章　在游戏中亲近自然 ··· 30
游戏与自主学习 ·· 30
自然游戏 ··· 32
自然游戏空间 ·· 36
游戏和"科学" ·· 38
生态学视角 ··· 39
角色游戏 ··· 44
建构活动 ··· 45

　　　　成人在自然游戏中的角色 ·· 48

第 3 章　在探索和实验中亲近自然 ·· 58
　　　　远近探索 ·· 58
　　　　实验 ·· 80
　　　　园艺与儿童 ·· 84

第 4 章　在室内外的连通中亲近自然 ·· 90
　　　　把户外活动带进来 ·· 90
　　　　教室里的动物 ·· 93
　　　　教室里的植物 ·· 94
　　　　记录和描述与自然相关的经历 ·· 94
　　　　数学活动 ··· 101

第 5 章　在语言、读写和艺术活动中亲近自然 ································ 112
　　　　故事和诗歌 ·· 112
　　　　地方教育 ··· 116
　　　　自然日记 ··· 121
　　　　音乐活动 ··· 121
　　　　运动 ··· 126
　　　　绘画、涂色和雕刻 ·· 127
　　　　戏剧 ··· 128
　　　　到户外去 ··· 135

后　记 ·· 137

参考文献 ··· 139

导　言

　　我的童年拥有许多与大自然有关的丰富多彩的经历。小时候，我经常在农场边的溪流、树林和田野中探索。我采摘过西红柿，种植过豌豆，喂养过小鸡，还制作过玉米芯娃娃和木船。可是当我成为母亲和教育工作者的时候，我发现一件很糟糕的事情，那就是，如今没有多少儿童有时间积极地投入大自然中了。

　　20世纪90年代，我曾在美国俄亥俄州博林格林州立大学任教。当时，"亲生命性""自然缺失症"和"自然法则"尚未成为主流词汇的一部分，人们也还没有担心童年的本质正在发生变化。我和特殊教育系的同事们合作，主要任务是培训从事特殊幼儿教育工作的教师。

　　当时，将特殊儿童教育整合到正规教育中的势头非常迅猛。虽然早期儿童教育与特殊教育曾经因为不同的哲学观和教育策略而被认为是不能够相互兼容的两个领域，但是一种新的思维要求将这两个领域融为一体。这种新思维的基础是，有特殊需要的儿童首先是儿童，而残疾只是这类儿童个体性的一个方面而已。

　　基于这种理解，我对儿童及其成长的必要条件产生了不同的看法。在我的童年时期，大自然养育了我，并激励我去探索和实验。因此，我担心如果儿童与大自然没有建立密切的联系，那么他们将错过一些对他们的发展和幸福来说都很重要的东西。所以，我决定将儿童与大自然联系起来，并使它成为我的专业工作中不可或缺的一部分。

我与博林格林州立大学的环境研究项目合作撰写了一份聚焦于大自然与儿童的拨款提案。然后，我开始寻找能够将早期儿童教育与环境教育整合起来的方法。对有些人来说，他们很难理解这个概念。因此，我经常被问到"早期环境教育应该教儿童什么"这一问题。有些人认为，这一问题的重点应该是材料的回收利用，因为儿童可以做到将材料进行分类。其他人则认为，可以尝试教授一些科学概念，比如：太阳是一种能量来源，热带雨林是生物多样性的一种体现，等等。令我高兴的是，我得到了资助，从而走上了一条成为教育工作者和作家的全新道路。

如今，促进儿童亲近自然的运动持续进行着。我们有一些非常好的资源和指导方针来帮助我们解释"儿童环境教育是什么"和"为什么要开展儿童环境教育"这两个问题。然而，只有指导方针是不够的。我们还需要知道如何去做——这就是本书所要阐述的全部内容。促进儿童亲近自然，包括对儿童实施环境教育，让儿童在情感上认同自己的生态身份，但实际包含的内容远非如此。在积极的亲身体验活动中，开放性探索和好奇心有助于促进儿童亲近自然。

对于儿童来说，大自然不是一个话题，也不是一门学科，而是他们生活、学习和游戏的世界。大自然能够让儿童成为完整的人，因为要想让儿童成为完整的人，就需要培养他们的生态身份，而生态身份包含着情感、精神和审美成分。不断形成的生态身份让儿童将自己看成是自然世界的一部分，而非将自己与自然世界割裂开来。他们逐渐懂得感恩和欣赏大自然，不仅把大自然看作一种可以满足我们基本生存需求的资源，还认为大自然是一种让我们的生活更加美丽、奇妙和丰富多彩的源泉。

儿童充满好奇心和想象力，并且渴望学习。大自然就是他们的世界，也是他们的自然栖息地，让他们能够获得整体的发展和真正的成长。我希望，本书中的观点和建议能够为你提供灵感和指导，让儿童在大自然的奇妙世界中充分行使他们的特权，这将意义深远。加强儿童与自然之间的联系，既可以促进儿童的发展，培养他们对大自然的热爱、尊重和感恩之情，也能为社会的可持续与和平发展做出贡献。

第1章

让儿童亲近自然的节奏

自然与儿童

如果我们把儿童在童年早期需要的东西列一个清单,那么这里面肯定包括食物、住所、水和空气这类事物。我们也知道,儿童需要爱、安全感、归属感和探索的自由,但有时忽视了他们对亲近自然的需求。

亲近自然的益处在儿童发展的每个领域都显而易见。大自然可以促进儿童在智力、情绪情感、社会性、精神和身体方面的发展。安德烈娅·泰勒(Andrea Taylor)和弗朗西丝·郭(Frances Kuo)在对有关专业文献的综述中指出,亲近自然的儿童更具有创造性,压力更小,能更好地集中注意力,身体更灵活和更加积极地与他人互动。综述也表明,亲近自然可以减轻注意力缺失症的症状,提高解决问题的能力和观察能力,还可以培养儿童的好奇心。另外,亲近自然有助于培养儿童的环保态度和儿童正在形成的生态身份——如何看待自己与大自然之间的关系。这是非常重要的,因为它将影响我们的行为方式和价值观,甚至我们的幸福感。大多数人都知道,大自然可以激发灵感和惊奇感,因为我们已经体验过。虽然难以测量,但这些益处确实能够促进儿童的整体发展,丰富他们的生活经历。

当提及节奏时,我们常常会想到音乐——主要是就速度、流畅性或模式而言——但生活中的其他方面也有节奏。我们在日常生活中走路、说话、吃饭、睡觉，甚至在我们无意识的情况下，身体的活动都有节奏。大自然同样有节奏。我们在潮起潮落、鸟类和蝴蝶的迁徙、季节的交替以及昼夜交替中看到和感受节奏。植物破土而出，逐渐成熟，最终结出累累硕果这一过程有其节奏。所有的生命体从来到这个世界，经历生长，最终走向死亡这一过程也有节奏。大自然中的一切都以某种方式相互联系着。帮助儿童更好地感知大自然的节奏和其中存在的多种多样的联系，有益于培养他们的好奇心、增强他们对自然界的兴趣。

蕾切尔·卡森（Rachel Carson）是一位德高望重的作家和科学家，她在自己的著作《惊奇之心》(*The Sense of Wonder*) 中把儿童的世界描述为"新鲜的、崭新的、美丽的、充满了奇迹和令人兴奋的"。我们的工作之一就是承认和尊重儿童在世界中的独特体验。如果观察儿童的游戏和探索，你就会发现他们有自己的节奏。儿童能够感知到新鲜的、崭新的、美丽的世界，因为他们的注意力集中在此时此刻——充满奇妙和可能性的当下时刻。相比之下，成人往往迫于时间的压力和需要完成的任务，加之对大自然的奇妙已习以为常，因而很少花时间注视天空的广阔和花儿的绽放。

蕾切尔·卡森曾谈及这一问题。"这是我们的不幸，"她在《惊奇之心》这本书里写道，"对我们大多数人来说，敏锐的洞察力，追寻美好且令人敬畏之物的本真天性，在我们成年之前就日渐式微，甚至消失了。"但我们可以通过跟随儿童的节奏，从儿童的视角出发，帮助儿童享受他们自己了解世界的独特而珍贵的方式。

儿童用一种神奇的思维方式认识世界。当儿童告诉我们树会说话，石头能够思考并且有感觉时，我们可以通过不反驳或不纠正来表达对他们的这种认知方式的尊重。儿童将世界想象得奇妙无比，这反映了他们对事物本质的理解，而我们作为成人，可能不再具有这种能力。蕾切尔·卡森曾说到儿童"敏锐的洞察力"和他们"追寻美好且令人敬畏之物的本真天性",她敦促成人,"花时间去倾听和探讨地球的声音及其内涵。"

当谈及智者时,相对于幼儿,我们更可能会想到长者;然而,幼儿也非常有智慧。《智能的结构》(*Frames of Mind: The Theory of Multiple Intelligences*)的作者霍华德·加德纳(Howard Gardner)认为,生存智慧是一种认识世界的方式。他说,这种智慧让我们质疑生存的意义,甚至幼儿也会问这样的问题。你可能听过儿童问"人为什么会死""第一颗种子是从哪里来的"或"任何事物都能完美无缺吗"。你不必考虑这些问题的正确答案是什么,事实上,最好不回答这些问题。更好的解决方法是,和儿童一起思考生命的奥秘,因为智慧常常出现在问题中。以下是一些关于如何尊重和支持儿童智慧的建议。

- 真正倾听儿童的心声,给予他们表达自己想法的时间和支持。避免将你的所思所想强加给他们。
- 和儿童来一场真正的对话。儿童能够分辨询问和引导,也知道成人以高人一等的态度对待他们和认真对待他们的区别。
- 鼓励儿童思考问题。你可以这样开始:"我想知道鸟儿为什么唱歌,是因为它们很快乐吗?"然后接着问:"你认为呢?"
- 鼓励儿童用富有诗意和想象力的方式分享自己的想法,如歌曲、舞蹈、绘画、雕塑、涂鸦。

霍华德·加德纳的多元智能理论最初提出七种不同类型的智能:逻辑-数学智能、视觉-空间智能、音乐智能、人际智能、内省智能、身体-运动智能、语言智能。此外,在《重构多元智能》(*Intelligence Reframed: Multiple Intelligences for the 21st Century*)一书中,加德纳还提出了生存智慧和自然智能。具有高自然智能的人往往更能适应自然,有兴趣探索自然,而且也更有可能注意到自然中存在的模式和联系。

幼儿对动植物感兴趣且关爱它们,并喜欢注意自然界中不同元素之间的相同和不同之处，这表明他们具有高自然智能。他们通常喜欢探索自然区域和收集材料，如石头、贝壳和种子。

每个人都不同程度地拥有每种智能。文化、经历和儿童与生俱来的天赋都影响着每种智能的发展。为了促进自然智能的充分发展，儿童需要经常在自然界中体验富有刺激性的活动。为此，我们可以让儿童收集和摆弄多种多样的自然材料，鼓励他们近距离地观察不同种类的植物和动物，并让他们参与园艺和探索自然环境的活动。

"可持续性"（sustainability）指的是生命系统能够长久地健康发展。可持续性系统对整个地球和所有生物的生存与发展都至关重要。让儿童亲近自然对于儿童理解和感恩我们赖以生存的可持续的自然界十分重要，但这并不意味着我们应该让儿童拯救地球。事实上，我们不应该这样做。我们目前面临的环境问题不是儿童造成的，而且他们没有能力"修复"它。然而，我们确实想通过促进儿童关心环境，播下可持续发展的种子。如果儿童熟知自然界的奇妙并了解地球是我们赖以生存的地

方,那么他们就会关心地球,因为这是我们的家园。

让儿童亲近自然可以获得双赢,对儿童和地球都有好处。它一方面可以促进儿童的整体发展,另一方面也可以在儿童心中播下理解和关心自然的种子。为让儿童亲近自然而做出的努力有时被称为"儿童早期环境教育"(early childhood environmental education,缩写为 ECEE)。这种说法可能表明,儿童亲近自然重在教学而非体验或探索,重在认知而非感知,重在看管而非享受。但事实并非如此,其实 ECEE 包含了上述所有内容。

北美环境教育协会(North American Association for Environmental Education,缩写为 NAAEE)将 ECEE 定义为"一种包含有关自然界的知识、情绪情感、倾向和技能领域的整体概念"。以下是从每个领域中挑选出来的预期目标。

- **知识**
  - 认识到人依靠自然而生,我们的饮食、呼吸的空气和我们的衣着都来自自然界
  - 认识到人的行为会对大自然产生影响
  - 认识到自然是我们当地和全球环境的一部分
  - 认识到自然界中的一切都是相互联系和不断变化的
  - 认识到所有的生物都有基本的生存需求

- **情绪情感**
  - 好奇心
  - 享受大自然的美和大自然带来的感官体验
  - 在探索自然中获得兴奋感和创造性

- **倾向**
  - 对大自然充满好奇

- 将自己看作大自然的一部分
- 善于发现自然界的美丽和多样性
- 主动探索自然
- 关心和尊重自然
- 积极主动地探索自然

- **技能**
  - 观察——用感官收集信息
  - 比较——识别自然界中的异同
  - 分类——根据特性对自然物进行分组和排序
  - 测量——对自然物和自然现象进行定量描述
  - 交流——交换观点和口头描述，用文字或者绘画的形式写下来，或者用立体的表达方式，如雕塑
  - 推理——基于观察对自然界进行判断；从一个情境中进行推理比直接观察更有意义
  - 预测——基于观察、已有知识和经验对自然界做出合理的猜测

当前儿童与自然界的疏离

我们很幸运，在童年时期就知道世界是一个神奇的地方，因为我们有机会探索附近的树林，在后花园里观看蜂鸟和蝴蝶在花丛中飞舞，在家里的菜园中采摘西红柿和拔胡萝卜。不幸的是，相比前几代的儿童，如今的儿童很少有这种机会。究其原因，在一定程度上是由于他们失去了进入社区中的自然区域的机会，并且成人和儿童花在电子媒介上的时间增加了。其结果十分令人担忧。

理查德·洛夫（Richard Louv）在他广受欢迎的著作《林间最后的小孩：拯救自然缺失症儿童》(*Last Child in the Woods: Saving Our Children*

From Nature-Deficit Disorder）中引入"自然缺失症"（nature deficit disorder）一词，用以描述人类与大自然疏离所付出的代价，这在儿童中尤其明显，表现为学业、发展和行为方面的问题。正如洛夫在他的书中所说，越来越多的研究表明，儿童与大自然的疏离会导致注意力障碍、感官使用的减少、肥胖、抑郁和更高概率的身体和情绪疾病。

与大自然的疏离也不利于儿童对自然界的理解和热爱。对儿童和成人来说，这阻碍他们形成健康的生态身份和对自然环境的关爱之情。

有些儿童在成长的过程中没有与自然环境密切接触的经历，因此他们对自然界产生了无端的恐惧和偏见，有些儿童会表现出不想使自己变脏、变湿或变冷，有些儿童可能会害怕如白尾鹿和蝴蝶之类的生物。对大自然的无端恐惧和偏见是儿童理解和欣赏自然环境的真正障碍。事实上，这会导致他们对大自然的暴力行为，比如杀死无害的蛇和试图消灭院子里的蜜蜂。

几年前，对一群四五岁的儿童进行的采访揭示了他们对大自然的看法以及感受。这些采访都是逐个进行的，因此他们的回应没有受到其他人的影响。以下是这些采访中的一些问题和典型的回答。在分析儿童的回应时，要考虑儿童的年龄特点，并且知道他们所说的可能并不代表他们一定会做。例如，某些暴力的表达方式可能反映了他们对陌生事物的恐惧，但并不代表他们真的想要做出伤害的行为。

问题：在哪里可以找到野生动物？
回答：
在动物园里。
在雨林中。
我不知道。

问题：如果你离一只蝴蝶很近，你会怎么做？

回答：

抓住它。

把它放在我的手中。

把它装进罐子里。

杀了它。

粉碎它。

问题：你喜欢狼吗？

回答：

不，它们会杀了你。

它们会吹啊吹，把你的房子吹倒。

它们是卑鄙的。

问题：你认为，我们应该把垃圾放在哪里？

回答：

放在街道的尽头。

放在垃圾桶里。

我不知道。

问题：你认为自己应该帮忙拯救地球吗？

回答：

我爸爸说，我们应该循环使用物品。

我想我们应该。

我甚至不知道地球是什么。

现在，生活在城市的儿童比我们历史上的任何时候都多。直到最近，许多城市规划者都很少考虑到，儿童有进入附近自然环境中的需求。虽然生活在城市的儿童可以进入城市公园，但其中的游戏场地相对于自然环境来说，有太多的混凝土和设施。其结果是，如今许多儿童与大自然直接接触的机会非常有限。

"当我长大了，还会下雪吗？""为什么我们不能在湖里游泳？""所有的动物都住在动物园里吗？"儿童提出的这些真实的问题表明，我们的世界正在发生巨大的变化，如今的儿童生长在一个比任何一代人经历过的都更具有毒性和不稳定性的世界里。我们正在面临着物种的惊人灭绝，对于儿童来说，这也无疑是一种经验的灭绝。

罗伯特·迈克尔·派尔（Robert Michael Pyle）是一位作家，也是一位国际知名的蝴蝶专家，在他的著作《雷树：都市荒原的教训》(*The Thunder Tree: Lessons from an Urban Wildland*)中首次介绍了"经验的灭绝"一词。派尔主要指出了，我们周围物种的丧失如何减少我们在大自然中可以获得的经验。一旦大自然的元素从我们的个人世界中消失，我们与自然界的联系感就会减弱。现在很多儿童都是这样，因此，儿童的整体发展和自然界的未来都将面临危险。派尔解释道，经验的灭绝最终会导致人们更少地关心自然，这反过来又将造成对自然界的进一步破坏。

毫无疑问，在儿童的生活中引入电视、计算机和电子游戏大大地减少了儿童的户外时间。虽然学龄前儿童花在电子媒介上的时间各不相同，但毫无疑问，对许多儿童来说，屏幕时间正在取代户外时间。其结果是儿童与自然界的疏离，这是令人担忧的。屏幕时间不一定对儿童有害，但人们担心的是技术的滥用和过度使用。我们应该争取的是，屏幕时间与在大自然中亲身实践的时间两者之间达到健康的平衡。不幸的是，这种平衡似乎正朝着不健康的方向发展。

儿童权利

儿童拥有的基本权利，包括生存权和在促进他们健康发展的环境中游戏的权利。联合国大会（United Nations General Assembly）在 1989 年决议通过的文件《儿童权利公约》（Convention on the Right of the Child，缩写为 CRC，以下简称《公约》）中详细地阐述了这些权利。美国是联合国中尚未通过这项国际重要协定的国家。

《公约》列出了人们普遍认可的儿童权利，并且呼吁所有国家通过政策、规划和服务来保护和增强儿童的基本权利，如表达权、受保护权、受教育权。如《公约》中所述，儿童的教育应该包括帮助儿童最充分地发挥潜能，并增进他们对自然环境的尊重。《公约》中也包含了一些关于儿童游戏权的声明。

在过去的几年里，人们逐渐意识到另一项基本权利，有人认为这项权利应该被添加至《公约》中，即儿童亲近自然的权利。国际自然保护联盟（International Union for Conservation of Nation）是促进官方承认这一基本权利的组织之一，他们担心儿童与自然之间的日益疏离会对儿童的健康发展造成不良后果，也担心这种疏离会影响儿童爱护自然的责任感的形成。责任管理是保护儿童另一项基本权利——享有健康的未来的权利——的唯一途径。

指导建议

自 20 世纪 90 年代初以来，儿童早期教育与环境教育的整合取得了巨大的发展。如今，NAAEE 已发布了一套专业指南，并提供了多种资源，来指导我们以发展适宜性的方式促进儿童亲近自然。

基于儿童的特点和需求，为不同机构中的儿童早期教育工作者提供以下环境教育建议。

- **频繁提供积极的自然活动**。儿童应该每天或基本上每天都有时间在自然环境中进行探索活动。儿童通过与自然的互动了解自然，而不是通过听他人说或观看电视纪录片。

- **聚焦体验而非教学**。在户外时，与在课堂上听讲相比，探索和游戏是更好的选择。亲身感受自然比事先准备的课程更具教育力，幼儿能够通过观察、倾听、感受、倾倒、挖掘和实验获得学习。

- **尊重儿童的恐惧，跟随儿童的兴趣**。并非所有的儿童都带着相同的背景和兴趣来到自然之中。有些儿童会对他们不熟悉的事物感到害怕，有些儿童也许被告知自然界中的一些事物会伤害他们，但这些恐惧应该受到尊重。虽然逐步向儿童介绍令他们害怕的事物可以减少或消除他们的恐惧，但这个过程不应该是强制性的。支持儿童的兴趣，即使你对他们关注的事物并不感兴趣或者不熟悉。例如，一名儿童可能会被不同的石头吸引，沉迷于研究石头与石头撞击时是如何碎裂的实验。你可能不熟悉各种各样的石头，甚至觉得撞击石头没有什么教育价值，但你仍然可以通过鼓励儿童描述他正在做的事情和发现的东西，并认真倾听他说的话，来支持他的兴趣。你也可以鼓励他与他人分享自己的发现，比如通过展示、绘画，等等。注意儿童可能提出的关于石头的任何问题，帮助他们寻找问题的答案。

- **树立爱护自然环境的榜样**。儿童在与自然的互动中学习——不需要直接的教学。然而，我们可以帮助儿童学会以尊重和关心的方式与自然相处。许多儿童喜欢寻找和捕捉各种各样的生物，他们喜欢在石头或圆木下面发现虫子，在小溪和池塘里用网捕捉小鱼和蝌蚪。对儿童来说，他们可以在这些活动中学到重要的一课，即尊重生物。如果我们捉住了一只小动物，在观察它一小段时间后，我们就应该把它送回家。

- **不要让儿童去拯救地球**。虽然我们希望儿童热爱自然，尊重地球，但拯救处于危险中的环境不应该成为他们的负担。从某种意义上来说，让儿童拯救地球，就是让他们去修理一些他们没有损坏的东西和处理一些他们没有能力处理的事情。这与我们试图让儿童亲近自然的目的背道而驰。"我们的星球正处于危险之中"的想法会让儿童

- **对不同的家庭传统以及他们如何看待自然界以及人类与自然的互动保持敏感**。想要弄清楚儿童及其家庭的习惯及观念，从个人层面了解他们是一种很好的办法。在如何将他们的文化、习俗和目标融入你的计划和活动这一问题上，你可以参考一下他们的想法。同样重要的是，你需要考虑家庭对他们的孩子参与自然活动的看法。如果知道儿童的父母不能接受蠕虫和昆虫，你就应该避免强迫儿童将虫子拿在手里。尽管如此，你仍然可以通过鼓励儿童近距离地观察，并帮助儿童理解所有的生物都在某种程度上对自然界的整体运作做出了贡献，来促进儿童积极地亲近自然。

- **提供合适的工具，鼓励儿童近距离地观察和动手操作自然材料**。放大镜就是一个用于仔细观察的好工具，但其他工具也可以支持儿童进行近距离的观察，例如：不易破碎的手持镜子、用于接住树上和灌木丛中掉落物的罩布、用于观察昆虫的容器、做观察记录的带夹子的写字板和纸、野外望远镜、动植物识别卡、标本盒、仿真照相机和空相框。将拿掉了背板和玻璃的相框放在地面上作为观察区，孩子们会惊奇地发现，在这一小块区域里面可以找到不同的石头、动物和植物。也可以把相框举起来，框出一幅大自然的"画作"。之后，一名儿童可能会选择描述甚至是画出他在相框中捕捉到的事物。用问题驱动儿童进行仔细的观察，如这种植物有多高？一杯水和一杯沙子哪个更重？风能把种子吹到离树多远的地方？可用于动手操作自然材料的工具包括各种挖掘工具、耙子、水桶、筛子、分类托盘、塑料杯、儿童手推车和货车。

- **聚焦开放式活动**。开放式活动是一种在实践方式上有极大自由度的活动。例如，在一桶水中搅拌树叶和花瓣等材料是一种开放式活动，给预先绘制好的叶子图案上色则是一个封闭式活动。开放式活动需要想象力和创造力，有时还需要解决问题的能力和毅力。

- **给儿童足够的机会选择他们自己的活动。**允许儿童选择自己的活动是为了让活动与他们不同的兴趣和能力相适应,反映了对"不同的儿童有不同的节奏"这一事实的理解。
- **简单化和本土化。**不需要为了让儿童知道我们的食物大部分来自植物而开垦半英亩[1]菜园,沿着篱笆种一些生菜或胡萝卜就可以给幼儿提供许多种植、收割和品尝的机会。院子里的一棵树几乎可以与整片森林具有相同的教育意义,有助于儿童学习与季节相关的概念,或者观察其他生物是如何依树而生的。同样地,简单化意味着让孩子们在户外接触自然,而不是依靠实地考察来获取与自然相关的经验。重要的是,要让他们与自己的居住地建立联系,熟悉他们周围特有的景色、声音、气味和事物的周期变化。儿童的学习可以从赤脚在草地或沙滩上走路,或者将自己埋在一堆树叶里开始。

本 土 化

与儿童一起做园艺是帮助他们了解居住地特点的一种方式。做园艺时,不仅要考虑当地的天气和气候,也要意识到该地区可能妨碍种植和收获的野生生物。一旦收获食物,儿童就可以通过分享自己种植的食物学习如何与社区中的其他人接触。

主要目标

儿童将更加了解当地自然环境的特点,并积极地与社区中的其他人交往。

---

[1] 1 英亩约为 4046.86 平方米。——译者注

材料

园艺工具

种植容器或苗床

盆栽土

当地水果和蔬菜的种子或幼苗

洒水壶或软管

你能做什么

（1）寻找一个适合做园艺的地方。可以使用苗床、容器或地块，重要的是要有肥沃的土壤和充足的光照。与儿童讨论植物的生长条件和生长的季节。

（2）选择适合当地环境的植物。与儿童聊一聊，我们的有些食物可能来自遥远的地方，而其他食物生长在附近。和儿童一起做园艺时，最好选择容易种植、生长期短、能够让儿童体验到收获快乐的植物。许多植物在温带气候地区长得很好，比如生菜、小萝卜、糖荚豌豆、圣女果、胡萝卜和土豆。当然，培植花卉也非常有趣，比如向日葵、牵牛花和百日菊。

（3）让儿童参与蔬菜的种植、浇灌和收获。鼓励他们品尝自己种植的食物。

（4）与当地的食物储藏室分享农产品，与养老院分享鲜花。

其他建议

- 到当地的农场或者农贸市场进行实地考察，和农民探讨当地的农作物，以及他们的种植方法。
- 在植物的生长过程中，记录天气和它的生长模式。

自 1998 年起，来自世界各国的儿童早期教育工作者常常聚集在一起，就如何为不同环境中的儿童提供服务进行研讨。世界幼儿教育论坛基金会（World Forum Foundation）一直强调自然在儿童生活中的重要性。几年前，他们成立了儿童自然行动协作组织（Nature Action Collaborative for Children，缩写为 NACC），并针对四个不同的群体，即儿童、设计专家、教育工作者和家庭制定了四项儿童亲近自然的基本原则。教育工作者必须做到：

- 每天给予儿童充足的时间在自然环境中自由探索；
- 理解自己作为研究者和辅助者的角色，观察儿童与自然的互动，并支持在自然中生成的课程；
- 支持儿童在自然中进行适当的冒险和冒险游戏；
- 在自然环境中为儿童提供安静和沉思的机会；
- 促进儿童好奇心和环境管理意识的发展。

许多资源都可用于促进儿童亲近自然。在选择资源时，发展适宜性是一个重要的考虑因素。希望以上的指导建议能够帮助你决定如何巩固儿童与自然界之间的纽带。所需资源主要集中在相关组织开办的机构和出版物中。当然，还有许多其他优秀的资源，比如书籍、网站和公司。

现行方式

让儿童亲近自然的方式方法多种多样，并且被用于各种各样的环境中。其中需要重点关注的是，家庭在集体出游中可以做些什么，或父母在家中如何促进儿童亲近自然。

目前，促进儿童亲近自然的方式有儿童集体教育活动，如自然幼儿园和森林幼儿园。自然幼儿园是一种以自然为整体环境或课程中心的幼儿教育机构。在自然幼儿园中，儿童通常每天都有很长一段时间在户外活动，也有很多在自然区域游戏和探索的机会。而在室内，每个区域和活动都以某种方式与自然融合。

森林幼儿园或森林学校的儿童通常会在户外度过整个学期。这些机构一般是为3—6岁的儿童设计的，注重加强儿童与自然的联系，其中有些活动的开展完全不需要建筑物。森林学校在一些欧洲国家更受欢迎，但在美国也逐渐流行起来了。

目前，促进儿童亲近自然的另外两种方式包括开发自然游戏空间和开展自然游戏活动。以下是对每种方式的简要描述，详细内容请见第2章。自然游戏空间，也被称为"自然环境区"，是为了将自然元素融入可供游戏和学习的场所而专门设计的户外区域。一些自然游戏空间被打造成儿童花园的形式，儿童在里面主要是做园艺和游戏。与美国北卡罗来

纳州立大学合作的自然学习倡议组织（Natural Learning Initiative）是自然游戏空间的定义、设计缘由和实践方式等信息的主要来源。

自然游戏是一种让儿童回到曾经以自然的方式进行游戏的活动。在游乐设施、电子游戏和电动玩具出现之前，儿童通常会爬树、做泥馅饼、让漂浮的树皮船顺水流走、玩玉米芯娃娃。那时儿童的自然游戏，既可以在室内进行，也可以在室外进行。当有充足的时间、自由和材料时，儿童便会自然而然地融入大自然中。

最近，另一种促进儿童亲近自然的方式是，在高校开发教师教育课程，并设置认证证书。例如，美国安蒂奥克大学新英格兰校区现开设了一种在基础教育认证范围内的，以自然为基础的儿童早期教育专业，同时也设立了一个旨在培训自然幼儿园和森林幼儿园教师、管理者和创立者的专业发展项目。美国伊利诺伊州莫顿学院和佛罗里达亚特兰大大学也提供了儿童早期环境教育的职业培训，莫顿学院与美国布鲁克菲尔德动物园及芝加哥动物学会合作的项目可以让学习者获得儿童早期自然游戏证书。美国佛罗里达亚特兰大大学开设了三门儿童早期环境教育课程，这一培训既整体概述了ECEE，也鼓励儿童探索当地自然栖息地以获得第一手学习经验。

目的明确

目的明确是指，在做决定和付诸实践时，心中要有明确的目标。有目的的教师意味着要明确你想为儿童做什么，然后布置环境、计划活动，并以一种能够达成预期目标的方式与儿童互动。

早期教育的一个基本理念是，儿童在自主活动中的学习效果最好。他们能够自由探索，根据自己的意愿操作材料。这可以理解为，儿童可以通过他们自己主导的活动来获得知识和技能。这样做的确可以使儿童获得里程碑式的进步，但是以教师为主导的有目的的教学在帮助儿童达成预期目标的过程中也发挥着重要作用。

当我们与幼儿一起工作时，我们应该培养他们对自然界的兴趣和尊重。在大多数情况下，若要实现这一目标，就需要平衡好儿童与教师之间的主导性。让幼儿亲近自然，意味着不仅要制订一份详细的学习计划和活动，还需要在准备环境、和幼儿互动以及与家长沟通时考虑到联系自然这个要素。可以将这理解为，自然应该是幼儿生活中持续存在的一部分，并且可以融入课程的各个方面。

将自然作为课程的重点，不仅仅是指教授关于自然的事实。有些教师可能会感到困惑，他们想知道，重点究竟是应该放在教育上，还是让幼儿自己陶醉其中。此外，他们也想知道，我们究竟是想让幼儿形成善待环境的态度与价值观，还是期望在自然中培养幼儿的创造力，让他们获得快乐的体验？幸运的是，自然已经具备了实现以上所有需求的条件，而且既能够实施教育，也可以让儿童陶醉其中。

自然提供了美、多样性和相互联系，也给我们带来了惊喜和挑战。沉浸在自然中，我们经常感到敬畏与惊奇。有时候，我们甚至有与天地万物融为一体的感觉。即使对于幼儿，这样的经历也有助于培养他们的想象力和创造力，引发他们的反思和哲学思考，支撑幼儿的精神生活。

自然是一股强大的推动力，它能引起幼儿的观察、探索与实践。当孩子们在户外自由地探索和游戏时，他们常常问很多关于"是什么""为什么""在哪里""怎么做"的问题。树上黏糊糊的东西是什么？为什么蜜蜂围着紫色的花朵嗡嗡叫？蝴蝶晚上去哪里了？鸟是怎么筑巢的？虽然我们不清楚所有问题的答案，但正是这种提问行为能让幼儿对自然界有一个新的认识并形成自主学习所需的技能。而且，这样的提问也能引发他们对大自然无限魅力的欣赏。

很多情况下，当幼儿与自然界互动时，其实是自然在对他们进行教导。莎士比亚曾写道："树有舌，溪有书，石有道，万事皆善。"作为幼儿教师，我们的特权之一就是，帮助幼儿聆听自然这位教师分享的故事和说教。

在美国俄亥俄州环境教育委员会的网站上,他们将"环境教育"(environmental education)定义为:"置身于环境中的教育、关心环境的教育和有关环境的教育。"基本目标之一是培养环境素养,包括对自然世界以及我们与自然关系的理解。在儿童的早期阶段,对于他们的理解程度的期望与对年长的儿童和成人的期望大不相同,但是提升环境素养应该成为每个儿童早期教育课程的一部分。

当回顾儿童早期教育的历史源头时,我们看到了一些与环境教育相一致的部分。例如,蒙台梭利教学法的创立者玛利亚·蒙台梭利(Maria Montessori)和第一所幼儿园的创立者弗里德里希·福禄贝尔(Freidrich Froebel)均强调儿童与自然相处的重要性。他们相信,与自然相处能促进儿童的整体发展,有助于他们的学习。今天,我们也开始理解及早促进儿童关心自然环境的重要性。就有益于儿童和环境而言,我们可能希望在定义环境教育时给出另一种解释,即向环境学习。这也许是一种让儿童更加全情地关心自然的方式。

环境教育触及我们的情感层面,教会我们如何与自然和谐共处。向环境学习有助于我们探寻智慧、直觉和其他认知方式。自然作为我们的教师,我们可以从它那里学习相互依赖、多样性、美好、神秘、生存、死亡、适应、相互联系、模式和循环,以及"我们是谁"这重要的一课——我们是比我们自己更伟大的事物的一部分。

相对于只专注于学业学习和认知发展,大多数儿童早期教育工作者致力于促进儿童的整体发展。然而,整体发展中的一个较少受到关注的领域是生态自我或生态身份。生态自我是指个体与自然环境的联系及其对自然的态度。虽然"我们是谁"这一问题永远存在,但是它会随着时间的推移,不断地发展和成熟。

影响儿童生态自我发展的因素有很多,如儿童生活与游戏的场所、文化传统与价值观以及教育经历。或许,形成健康的生态自我的最重要的因素是,与自然界频繁且积极的互动。

撰写一部讲述个人生活与自然界关系的生态自传，是深刻理解生态自我及其如何随着时间的推移而发展的一种方法。一部优秀的自传不仅包括你在自然环境中的经历，还包括你从这些经历中获得的感受和领悟。苏珊·塔尔伯特·吉特拉斯（Susan Talbott Guiteras）在大学四年级时写了一部生态自传，将她从童年早期到成年早期的生态自我发展历程划分为四个不同的阶段：

- 自然，我的乐园
- 自然，我的课堂
- 自然，我的责任
- 自然，我的朋友

大约在她完成生态自传的十五年后，苏珊在自传中添加了一个新的章节，名为"自然，我的事业"。在这一部分，她描述了自己作为一名野生生物学家的一些经历和见解。

以下是苏珊生态自传的一些摘录，描述了她的生态自我发展的不同阶段。

自然，我的乐园

我家附近有一些与我同龄的孩子，他们和我都喜欢在树林间玩耍、捕捉小动物、玩得脏兮兮的……没有父母在身边，我们会自由地漫步并组织我们自己的活动……我们通常在公园边的松树林会合。地面上有一层厚厚的褐色松针，看上去像铺着一层地毯。树木挡住了阳光，这使松树林给人一种封闭、神圣的感觉。这里常常是我们打闹、聚会的地方，我们叫它"树圈"。

自然，我的课堂

发现蝾螈，代表着我与自然关系的转变……是我们自己发现它们的……如果想成为成功的猎人,我们就必须辨别出可能有蝾螈潜伏的石头和原木。沿途有很多不同的老师,但它们很少是人类,甚至有些完全没有生命……每年春天,我们都收集青蛙卵并将它们养在鱼缸里。它们将孵化成蝌蚪,蝌蚪会进食、长大,最终长出双腿、失去尾巴。这是蜕变奇迹中不可思议的见闻。

自然,我的责任

当我年龄渐长并且更加了解自然时,我开始产生一种超越对自然纯粹的享受与迷恋的感觉。第一个教会我对自然负责的老师是佩妮,它是一只小鳄龟……出于对后果的一无所知,我认定这个小东西会成为一个非常棒的宠物……在我和佩妮生活的那些年里,我将它放到过各种各样的鱼缸里……当然,从某种意义上来说,学会照顾佩妮也是一门课程,现在我仍然在向自然学习……随着年龄的增长,我逐渐意识到佩妮是我的责任——我改变了它的自然生活,因此我有责任照顾好它。照顾佩妮的十几年教会了我,要对自己破坏自然界的行为负责。

自然,我的朋友

我与大自然的关系不断地发展和深化,就像两个人之间深厚且持久的友谊一样。现在,我可以认真地说,我把自然当成一位亲密的朋友。我同自然游戏,向自然学习并且感受到自己有责任帮助自然永远生机勃勃。当我为大学毕业后的生活做准备时,我突然想到自然是我如此重要的朋友,我不能在没有它的地方生活。在未来的某一天,我可能会有一两个孩子,我会迫不及待地把他们介绍给我的"朋友"。

自然,我的事业

正如我希望的,也正如父母在我小的时候所预料的那样,自然是我现在的事业……作为一名自然学家,我能够亲眼看到儿童和自然轻松地、自然而然地成为朋友。他们之间似乎瞬间就产生了尊重……我结婚了，我们希望在不久的将来组建家庭。到那时，我希望自己与自然之间完整的关系圈能以一种新的方式重新开始。我等不及了！

我们与儿童工作的节奏

幼儿和自然有许多共同点。在健康的环境中成长，他们都会发展得更好，充满惊喜和快乐。幼儿和自然的另一个共同点是，他们都有自己的节奏。当他们的节奏被承认和尊重时，他们就会表现得更好。强迫他们尽快成熟，则会适得其反。

作为儿童早期教育工作者，当我们将一天、一年的节奏与我们所照顾的幼儿的节奏相协调时，我们就能把工作做到最好。有时，幼儿会在院子里挖恐龙的骨头，或者在刮风的日子里在户外吹泡泡，这时你就要走进他们热情的探索之中。在其他时候，则意味着你需要花足够长的时间观察蜂鸟在灌木丛中徘徊，或者耐心地等待幼儿在人行道上用粉笔画完一朵花。

当我们的节奏与幼儿的节奏相协调时，我们就会看到他们以非凡的方式长大、成熟。随着时间的推移，儿童的身体变化是显而易见的，但他们在其他方面——情感、精神、社会性和生态身份——的发展往往十分微妙，可是这对他们的整体发展非常重要。在我们帮助幼儿成为他们可以成为的人所付出的努力中，让他们亲近自然是一种不应被忽视的方式。

我们可以阅读诗人沃尔特·惠特曼（Walt Whitman）的诗句，以进一步明确自然对幼儿生活的影响。

有一个孩子每天向前走去，
他最初看见的东西，他就变成那东西。

那东西就变成了他的一部分,在那一天,或者那一天的某个时候,或者几年,或者连续很多年。

那早开的紫丁香,会成为这个孩子的一部分,

那绿草,那红白相间的牵牛花和苜蓿草,以及那菲比鸟的歌声,

还有那三个月大的小羊羔,淡粉色的一窝小猪,小马驹和小牛犊,

谷仓地上或泥泞的池塘边那叽叽喳喳的小鸡一家,

池中好奇的鱼儿,以及那美丽迷人的湖水,

那池中的水草,优雅地摇曳着,

所有的这一切,都成为孩子的一部分。

第 2 章

在游戏中亲近自然

游戏与自主学习

最近,一位祖母、一位母亲和一个小孙女正在讨论星期六下午的计划。祖母说:"我今天下午的工作是买些杂货和洗衣服。"母亲声称:"我得把家里打扫一下。""那你要做什么呢?"祖母问 4 岁大的孙女凯娅。凯娅毫不犹豫地回答道:"我的工作就是玩。"

凯娅的回答是对的——她的工作就是玩。作为儿童早期教育工作者,我们有时会重复玛丽亚·蒙台梭利曾明确提出的"游戏是儿童的工作"。乔·弗罗斯特(Joe Frost)、苏·沃瑟姆(Sue Wortham)和斯图尔特·赖费尔(Stuart Reifel)在《游戏和儿童发展》(Play and Child Development)一书中指出,游戏有助于促进幼儿的精细动作和大肌肉运动技能、语言、社交能力、情绪情感、理解自我和他人的能力、问题解决的能力和创造力的发展。同时,游戏也有利于促进大脑的发育,提高儿童的学习能力。

根据蒙台梭利和其他儿童早期教育工作者的观点,真正的游戏是自愿的、愉悦的、有目的的和自发的。同时,它也是关乎儿童身心发展的积极过程。细致地观察儿童的游戏,你会发现,儿童在游戏时常常忙于解决问题,产生新的想法,并且思考如何应对一系列社交和情感方面的挑战。通过游戏，儿童也在学习相关的基本概念，如因果、重力、平衡、高度、重量、光线、声音以及生物的特征和行为。我们可以试着教给儿童这些基本概念，但真正的理解通常来自儿童游戏时的自我发现。

游戏的形式多种多样，可能是单独的或合作的，也可能集中于建构活动或假装活动。

以下是一些游戏的类别。

- 探索性游戏——儿童探索不同的材料、设备、物体的属性和功能，以及某些材料的相同与不同之处，研究它们如何运作，有哪些用处。这种游戏包括实验、试错和因果探究。
- 角色游戏——儿童扮演他们熟悉的人和事物的游戏。他们可能假装成某个人，如爸爸或妈妈、露营者、园丁、医生；也可能假装成某种动物，如小狗、小鸟、蛇、小马；还可能假装成某个事物，如树、机器、门。这种游戏既可以独自进行，也可以与同伴一起。其中，扮演动物的游戏，有助于儿童对动物的需求和特征更加敏感。
- 想象游戏——儿童自己制作服装和道具，并将其运用到他们富有想象力的冒险活动中。儿童在想象游戏中通常要扮演一个想象中的角色，比如仙女、怪物、超级英雄或者女巫。
- 建构游戏——儿童操作材料进行建构。通常，建构游戏本质上是探索性的，因为他们要尝试操作不同的材料，运用不同的方法，看看自己能做些什么。例如，使用积木，他们可以建造宝塔；使用潮湿的沙子，他们可以建造城堡；使用木棍，他们可以建造避难所。
- 机能性游戏——儿童进行的大肌肉运动，如奔跑、跳跃、投掷、踢腿、跳舞和攀登。机能性游戏包括组合运动，如一边奔跑，一边投掷或者踢球。当然，其他游戏也经常涉及机能性活动。
- 规则游戏——儿童在游戏中遵守规则或制定规则。规则游戏包括棋盘游戏，如糖果乐园；机能性游戏，如贴名牌、捉迷藏、踢足球。儿童通常也在表演游戏中制定规则，这些规则与角色相关，比如扮演小狗，就要像狗一样吠叫；扮演婴儿，就要像婴儿一样哭泣。

当然，如果你问儿童游戏时喜欢玩做什么，他并不会在意这些类别，但更在意自己玩得开心、与同伴在一起、可以自由选择、到外面去这类问题。3岁以下的儿童通常比更大一些的儿童更喜欢稍微不同的游戏。婴儿喜欢在养育者附近探索他们周围的环境；婴儿和学步儿都更喜欢小空间而不是大空间。在室外，他们特别喜欢接触地面上对他们的探索有所反应的事物。比如他们喜欢沙子、树叶、泥土和小草，因为这些是他们可以抓住、采摘、撕扯和倾倒的材料。

学龄前儿童喜欢建构活动，特别是在他们获得很多开放性材料的时候。他们喜欢运输材料、建造小空间，也喜欢使用一些真实的工具，如铲子、手推车和耙子进行"真正的"工作。

每个和儿童一起工作过的人都知道，并不是所有的游戏都是平等的。在哪里游戏、和谁一起游戏、游戏的关注点都会影响游戏的质量。其中，自然环境和自然材料特别有利于丰富幼儿的游戏经验。

自然游戏

自然游戏意味着要积极地与自然接触。这种游戏通常发生在户外的自然区域，但也可以使用自然材料在室内进行。虽然自然游戏在从前的孩子中较为常见，但随着家庭从农村搬迁到城市和郊区，溪流、树木和空地逐渐从儿童的生活中消失，这种游戏机会已经大大地减少了。

此外，与探索自然和玩自然材料相比，现在的儿童更喜欢看电视和玩电脑游戏。这种"去自然化"的游戏会造成儿童对自然界的疏离，因此，意识到这类问题的父母、教育工作者和其他专业人员呼吁，让自然游戏回归幼儿的生活。这一呼吁推动了自然环境区或自然游戏空间的开发，它们提倡使用自然材料作为玩具，并鼓励儿童花更多的时间到户外游戏。

在自然游戏中，沙子、土壤和木棍等自然材料是必不可少的游戏工具。不管在室内还是室外，孩子们都可以找到各种创新的方式摆弄自然材料。自然材料比较容易操作，且富有变换性和灵活性，比如冰块可以变成水坑，干枯的树叶可以被压成"天然的五彩碎屑"，木棍可以作为搅拌汤的勺子或在沙子上写字的工具。儿童可以轻而易举地将自然材料用于建造、"烹煮"、制作拼贴画或者设计，以及倾倒、堆砌、掩埋、运输和更多富有想象力的活动中。

迷你花园和迷你森林

将自然材料与其他的小道具结合可以带来有趣的创作。有益于培养创造力和鼓励探索的小道具，包括装满水的喷雾瓶，挖洞工具，鸡蛋盒、鞋盒、小塑料瓶等容器，炊具和橡皮泥。虽然儿童会发现很多使用这些小道具的方法，但是你仍然可以提供一些建议，比如用橡皮泥建造迷你花园和迷你森林。

主要目标

儿童将通过建造迷你花园和迷你森林探索自然材料的特点。

材料

自然材料，如木棍、鹅卵石、种子、树叶
橡皮泥
托盘或鞋盒盖

你能做什么

（1）在盘子、鞋盒盖上，或者直接在桌面上把橡皮泥摊开。
（2）收集小的自然材料，如短木棍、鹅卵石、种子和树叶。

（3）鼓励儿童将自然材料与橡皮泥结合，制作迷你花园和迷你森林。

其他建议

- 使用自然材料进行绘画，如松树枝。
- 用松果、种子荚或橡子帽做拓印。
- 用泥巴做手指画。
- 使用自然材料进行"烹饪"。提供锅碗瓢盆、勺子、刮刀、盘子，以及土壤、沙子、水和各种各样的植物。
- 提供用于"露营"的小道具，如当帐篷用的床单、折椅、假装用作篝火的木棍和烤棉花糖用的棍子，等等。
- 为做园艺提供小道具，如手推车、挖掘工具、草帽、水壶，等等。
- 为农贸市场提供小道具，如桌子、各种水果和蔬菜（最好是真的且是孩子们亲手种的）、制作标牌的材料，以及展示产品的篮子。

制作动物

一个帮助儿童增进对不同动物特征的了解的方法是，让他们制作自己的动物。在这项活动中，儿童用自然材料设计自己想象中的动物。他们可以利用自己观察到的、熟悉的动物特征进行创造。例如，他们知道大多数动物都有眼睛、嘴巴，并了解它们的行动方式，也知道有些动物有角、触角或壳。这项活动旨在培养孩子们对动物的兴趣，鼓励他们发挥创造力。

主要目标

使用自然材料制作动物，让儿童对动物的身体特征感兴趣。

材料

用于泥塑的黏土或橡皮泥

自然材料，如树叶、树枝、种子荚、草和松果

各种动物的图片

你能做什么

（1）让儿童观察事先准备好的动物图片，并尝试描述图中动物的身体特征。为了集中他们的注意力，你可以问一些相关的问题，比如：

- » 你看见狼的耳朵了吗？它们看起来像兔子的耳朵吗？
- » 看一看狼的脚，它们和猫头鹰的脚有什么区别？
- » 蠕虫是如何移动的？它有脚吗？

（2）告诉儿童他们将要制作属于自己的动物，但是有一点需要向儿童明确，即他们制作的动物应该具备真实动物的共性，比如耳朵、腿、触角或者翅膀。

（3）带儿童到户外，让他们收集一些自然材料，如树叶、树枝、种子荚、草、松果，并让他们使用这些材料制作自己的动物。

（4）给每名儿童少量黏土。当孩子们制作自己的动物时，可以引导他们用黏土将自然材料粘起来。

（5）当儿童完成自己的作品时，可以引导儿童把自己的动物介绍给一位朋友。在介绍的过程中，引导儿童描述它的身体特征，并解释它如何行走，在哪里生活。

其他建议

- 让儿童为他们的动物创设一个栖息地。
- 让儿童用自然材料制作玩具，他们可能会制作船、玩偶、石头宠物、王冠和鼓。

自然游戏空间

学校和城市公园通常会给孩子们提供游乐场作为室外游戏场地。这类场地通常以秋千、滑梯、攀登架、跷跷板等设施为特色，但以设施为主的游乐场给儿童提供参与不同类型游戏的机会有限，他们在这里很少能体验到真正的土地（ground）。"游乐场"（playground）这一词语与它真正能够给予的并不相称，很多儿童也觉得操场较为乏味。

让儿童亲近自然并为其提供更多的自然游戏空间，这一观点引发了人们的很大兴趣。自然游戏空间是一个为促进儿童游戏和主动探索而有意设计的空间，旨在为儿童提供丰富的游戏机会并培养他们对自然界的理解和欣赏。自然游戏空间的典型特征是有大树、原木、石头、沙子、复杂的地形、道路、多种植物，以及儿童可以挖掘和隐藏的地方。有些自然游戏空间里还有花园、水，并具有吸引野生生物的特征。

与传统的游乐场相比，自然游戏空间往往更有趣，更吸引幼儿。自然游戏空间充满不同的颜色、气味、材质和声音。儿童也喜欢自然游戏空间所具有的比传统游乐场更多的灵活性。传统的游乐场设施通常固定在同一个地方，具有特定的使用方式。然而，与之不同的是，自然游戏空间允许被操作和改变，儿童可以发挥想象力和创造力，以不同的方式塑造游戏空间。

好的户外环境会满足儿童的行为偏好。然而，成人和儿童对环境的看法不同，成人可能关注环境的美感和实用性，儿童则会考虑他们能在环境中做什么。他们想挖洞、攀登、奔跑、跳跃、躲藏、探索和实验，或者摘花、泼水，自由、独立地根据自己的兴趣活动、冒险并发现新事物。他们想要一个属于自己的游戏空间。

按照儿童的兴趣和喜好设计户外环境可能是个难题，特别是如果我们想让这个环境满足儿童广泛的发展需求并且增进他们对自然界的理解和尊重。幸运的是，我们有指南和资源来帮助我们完成这一进程。由自然学习倡议组织和美国国家野生动物联合会（National Wildlife Federation）联合开发的《自然游戏和学习场所》（*Nature Play and Learning Places*）是创建和管理儿童与自然互动场所的优质资源。

精心设计的自然游戏空间的主要特点是，儿童可以随时接触植物、野生动物、石头、土壤、沙子，等等。这种游戏空间具有高度的多感官性，在视野、声音、质地、温度、气味和运动等方面提供了丰富的体验。自然游戏空间的材料吸引儿童进行操作、建构和变换。例如，很多儿童用这些材料建造小窝或各种各样的藏身之地；他们把树叶和花瓣放到水桶里做成汤或茶；他们挖沟、搬运石头；他们播撒种子、埋下骨头。

增添丰富多样的开放性材料可以极大地丰富自然游戏空间。开放性材料是指孩子们可以操作、改变和移动的材料。虽然自然材料可以成为极好的开放性材料，但是适当地投放开放性材料以外的小道具也可以激发儿童的进一步探索和创造。例如，在沙箱中投放漏斗和筛子比只有一个铲子和一个杯子的玩法更加复杂。这种复杂度的增加不仅丰富了儿童的游戏，还延长了儿童对特定游戏区域的兴趣。莉萨·戴利（Lisa Daly）和米里娅姆·别洛戈洛夫斯基（Miriam Beloglovsky）合著的《开放性材料：幼儿创造性游戏》（*Loose Parts: Inspiring Play in Young Children*），是一份可以提供更多有关开放性材料及其使用方式的优质资源。

开放性材料因其开放性特点而令人称奇。儿童可以以多种方式使用开放性材料，如携带、丢弃、拖拽、上色、掩埋和分类，也可以把它们假装成游戏中的小道具。几名儿童使用带有绳子的箱子，展示了开放性材料在自然游戏空间中的开放性。首先，在清理院子时，他们把箱子当作容器，拖着箱子从院子的一头走到另一头，用从树上掉下来的树叶和树枝填满箱子。当填满箱子之后，他们就把它拖到院子里的一角，那个被他们称为"垃圾场"的地方。在那里，他们清空箱子，再返回去装更多的树枝和树叶，然后来回地重复这个程序。孩子们之后使用箱子是为了一个建构活动，他们需要搬运沙子。很快，他们发现沙子比树叶和树枝要重得多。因此，他们相应地调整了装载量，不再用一个箱子装满全部的沙子，而是将沙子分装成两箱。在当天的活动结束之前，孩子们决定给箱子涂颜色。他们想用这个箱子作为可以四处宣传他们正在计划的庭院售物活动的"广告牌"。

游戏和"科学"

我们一般认为，科学只是学术领域的研究内容，但事实并非如此——尤其是在儿童的生活里。科学涉及观察、探索、实验和质疑，而这也是对儿童行为的一个极佳描述。我们可以从儿童提出的问题和自由探索、实验的方式方法中看出他们富有好奇心。描述这类行为的学术术语是"科学探究"，而儿童只将其看作游戏。

所有游戏都来源于好奇和疑问。儿童想知道，一根木棍可以做什么，如果把水泼到蜘蛛网上会发生什么。他们也会检验松果是否会浮在水面上，还会搬起石头看看底下有什么。这些活动都是以科学探究的形式进行的。

正规教育环境中的科学教育有时仅限于学习事实。然而，这种科学的视角并不符合国家科学教育的标准，也不适用于幼儿。幼儿被"科学"吸引，他们通过戳、拉、举、推、敲、尝、摇来研究事物如何发挥作用、与什么相关、由什么组成。

这些行为比单纯的事实记忆更能反映真正的"科学探究"。"科学探究"涉及双手和大脑的积极参与，意味着儿童的身心都要参与探索和操作环境中的各种事物。我们的工作之一就是给他们提供材料、时间，并且支持这种行为。

科学教育适用于每个教育阶段——包括早期教育，涉及三个不同的领域，即内容、过程、态度或品质。内容指的是我们对这个世界的认识。通过观察、探索和实验，儿童在没有教师直接指导的情况下学习更多的科学事实。随着时间的推进，他们自身的知识体系将不断发展与扩大。我们可以鼓励儿童用语言、绘画，以及地图、图表等表现形式来交流想法，以帮助儿童收集他们周围世界的信息。

这一过程代表了科学的有效组成部分，也包含了观察、分类、预测、假设和实验。我们可以支持那些在观察和假设时对科学流露出浓厚兴趣的儿童去实践和应用这些技能。同时，我们也可以提供能引发儿童探索和实验的材料和设备。

某种态度或品质——有时也被称为"科学态度"——对科学探究至关重要。我们可以通过自己示范或认可儿童的科学行为来培养儿童的这种品质。

- 好奇心——想更多地了解某事或某人的欲望。
- 怀疑——不相信或自发地质疑最初看似真相或被证明是真相的态度。
- 独立性——自己主动解决问题的意愿。
- 抗逆力——在遭遇挫折或犯错后自我恢复的能力。
- 客观性——思想开放，不受先入之见影响的能力。在科学探究中，这包括愿意发现与预期有所不同的结果和拒绝判断。

生态学视角

关心自身以外的世界的能力是一项重要的个人能力、社交能力和学业能力，对于个人生态身份的健康发展也至关重要。个人对外部世界的关心通常采取同理心的形式，即识别他人的感受、想法和态度。就生态学视角而言，我们正在将这个概念注入我们与自然界的关系中。生态学视角表现为，为鸟池供应淡水、从蚁丘的四周绕过而不是从中间踏过、浇灌植物使其茁壮成长、对树上的鸟巢是否掉落隐隐担忧等。

作为小道具的开放性材料

大大小小的纸板箱	海绵
大大小小的纸板	木板
地毯样品	板条箱
水桶	大块的布料
分类托盘，如鸡蛋盒、冰块托盘和松饼罐	画画和写字用的材料
炊具	手推车
儿童的园艺工具	独轮手推车
各种尺寸的篮子	购物车
测量工具，如量杯、尺子等	滚桶
透明的塑料管	旧轮胎
小汽车和卡车玩具	背包
徒步旅行用的拐杖	旧照相机
小动物模型	双筒望远镜
刷子	

可以通过让儿童参与照顾植物和动物、阅读有关动物栖息地和生活方式的书籍鼓励他们从生态学视角出发进行思考，也可以通过提供动物木偶和动物服装来鼓励孩子"变成动物"。

为小鸟供水

通过鼓励儿童思考动物的生存条件来培养他们的生态学视角。在这项活动中，儿童为小鸟制作水盘并持续供水。

主要目标

儿童将更加意识到，鸟类的生存离不开水。

材料

桶
带有可拆卸的碟子的塑料花盆
水

你能做什么

（1）让儿童想出一两件生存必需品，如果孩子们没有提到水，那么告诉他们，水是生存必需品之一。
（2）询问："你能想到其他需要水来维持生命的生物吗？"
（3）听完孩子的回答后，帮助他们理解，所有生物都需要水。
（4）让儿童在室外为小鸟设置一个水盘，可以使用一个大的带有可拆卸的碟子的塑料花盆。将盆倒过来，把碟面朝上放在上面，放一块石头在碟子的中间。
（5）为获得最佳效果，请将水盘放在灌木丛或大树附近，远离嘈杂的地方，小鸟来到一个受保护的地方会感到更安全。
（6）用桶把碟子装满水。
（7）让儿童保持碟子的清洁并装满水。

其他建议

- 与孩子们一起做一个喂鸟器，然后把它放在小鸟的水盘附近。
- 早春时节，在灌木丛和大树上悬挂短小的绳子或纱线，为小鸟提供筑巢材料。
- 阅读珍妮·贝克（Jeannie Baker）的《天空中的家》（*Home in the Sky*)，和儿童讨论小鸟的安全栖息地。

像大树一样成长

人与大树有着密切的联系。我们利用大树来满足我们的一些物质需求。例如，它为我们提供水果和坚果等食物，给我们的院子、街道和公园增添了阴凉和美景。我们用大树制作日常用品，如纸张、家具、玩具、建筑物、船只和栅栏。我们也利用大树制作木雕和木碗。但我们与大树之间的密切关系，在一定程度上也可能是基于大树与人类有着相似的物理特征这一事实。我们都站立，顶部有冠，身躯上有活动的四肢。此外，我们肺部的管状分支与许多大树的根系也十分相似。

主要目标

促进儿童对大树的深入了解，让他们更加熟悉大树的各个部分。

你能做什么

（1）带儿童去至少有两种不同的大树的户外活动场所。

（2）坐在或站在其中一棵大树前，让儿童仔细地观察这棵树，并让他们分享自己注意到的一些东西。有些儿童可能会说，它很高，有很多叶子，有粗糙的树皮，有鸟巢，等等。我们也可以向儿童提问："我们应该给这棵大树起什么名字呢？"

（3）坐在或站在另一棵树前，让儿童描述这棵树，并给这棵树命名。

（4）让儿童思考树和人的相似之处，如都有生命，都会成长，都需要水和空气，都是直立的，等等。

（5）告诉儿童，他们现在看到的大树曾经就像他们一样小。把孩子的注意力吸引到附近也许正在生长的幼苗上。

（6）鼓励儿童"变成大树"——首先是一株幼苗，然后随着树枝的向上伸展慢慢长高。让孩子们把胳膊当作树枝，把手指当作树叶或针叶。让孩子们在风吹过时随风摇摆和弯曲，在雪的重压下下垂，向着太阳的方向伸展。

（7）告诉儿童，树有一部分是他们看不到的，也就是树根。解释树根是如何深入地下的，树是如何利用树根吸收水分的，水是如何通过树内的管道向上流动到达树叶的。

（8）让一些儿童手牵手站成一圈扮演大树，让其他儿童坐在圆圈中间的地上，这些孩子就扮演水。当你发出"举起"的指令时，让"水"站起来，并让"水"发出"咕嘟咕嘟"的声音，然后伸手去够"大树"的枝叶。

其他建议

- 给每名儿童一张被分成两个不同部分的纸，一部分让儿童画上一棵树，另一部分让儿童画上一个人。
- 阅读一些关于树的儿童书籍，例如谢尔·希尔弗斯坦（Shel Silverstein）的《爱心树》（*The Giving Tree*）和贾尼斯·梅·伍德里文（Janice May Udry）的《树真好》（*A Tree Is Nice*）。

角色游戏

在角色游戏中，儿童可以扮演其他的人或者事物。模仿成人或想象中的角色或许是角色游戏中最常见的形式。然而，很多儿童也喜欢扮演婴儿或者小狗。只要受到一点鼓励，儿童就会非常乐意扮演动物或者植物。就像5岁的赖兰，他最近就在角色游戏中扮演了一棵树。

我们读了贾尼斯·梅·伍德里文写的《树真好》，还谈论了树以多种形式给人类以及其他生物带来的好处。赖兰爬到一棵树上，将自己几乎完全隐藏在树叶和树枝中。我走到这棵树的旁边，假装不知道他就在这棵树上，赖兰说："嘿，我在和你说话。"我假装很惊讶地问道："树，是你在和我说话吗？你有什么事情要告诉我吗？""树"回答道："我想要你对我所做的一切好事说一声'谢谢'。"这段对话持续了一段时间，赖兰让我想到树以多种方式丰富着我们的生活。

在这个例子中，我们所读的那本书和我们关于树的对话激励了赖兰去扮演一棵树。但其他的道具和支持行为也能引发角色游戏，有助于鼓励儿童增强与自然的联系。简单的道具，例如鸟嘴、翅膀、长树枝或者树叶，都可以引发儿童扮演动物或者植物。当然，成人在假装的情景中成为儿童的游戏伙伴，也许是拓展儿童角色游戏的最为有效的方式。然而，成为儿童的游戏伙伴，并不意味着代替或主导儿童的游戏。当儿童在选择游戏主题或者决定游戏方向中起主导作用时，成人参与游戏是合适的。

除了支持儿童扮演动物或者植物外，我们也可以通过鼓励儿童扮演环境的守护者来加强儿童与自然之间的联系。首先，向他们介绍与研究和看护自然直接相关的工作，如农夫、园丁、公园管理员、兽医、动物管理员和植物学家。你也可以通过书籍或者故事向儿童介绍守护环境的英雄，然后鼓励儿童在角色游戏中"成为"这样的英雄。例如，很多关于强尼·阿普尔西德（Johnny Appleseed）的书籍适合不同年龄阶段的儿童阅读。其他关于保护自然环境话题的儿童读物，还有杰奎琳·戴维斯

（Jacqueline Davies）的《画鸟的男孩：约翰·詹姆斯·奥杜邦的故事》（*The Boy Who Drew Birds: The Story of John James Audubon*）和珍妮特·温特（Jeanette Winter）的《观察者：珍·古道尔与黑猩猩在一起的生活》（*The Watcher: Jane Goodall's Life with the Chimps*）。

建构活动

建构活动是一种需要动手操作且感官体验丰富的游戏。在自然游戏中，儿童使用自然材料进行建构，在这个过程中，他们可以体验和学习这些材料的外观、质感和气味。他们同样也可以了解到，在特定的条件下，材料如何变化，例如它们变湿的时候。

建构活动包括建造巨大的建筑物，例如洞穴或者堡垒。同样也包括制作一些微小的物品，例如玉米芯娃娃或者其他小生物。长久以来，搭建洞穴和堡垒是一项能让不同年龄的儿童跨越文化差异开展的活动。儿童喜欢在封闭的地方进行游戏——特别是当他们自己参与建造的时候。对一些儿童来说，狭小且封闭的空间的魅力在于，他们似乎能够帮助儿童逃离成人的视线——至少他们认为是那样。许多儿童喜欢建造和使用封闭的地方，并将其作为他们角色游戏的道具。他们假扮成动物，需要洞穴进行冬眠或者抚养他们的孩子。他们去露营，并在他们称之为"野外"的地方搭建帐篷。有些儿童认为，他们的封闭领地是一个"俱乐部"，只有有密码的人才可以进入。

搭建洞穴不需要太多的材料。一张旧床单和一个可以悬挂床单的地方就可以成为一个好的建构游戏场所。同样地，纸盒在搭建堡垒和洞穴中也起着重要的作用。就自然材料而言，最好的选择就是靠着树上的一堆叶子茂盛的树枝。如果能利用得当，用枯死的树枝和树叶也能制作出精美的地板。然而，更重要的是空间、时间以及成人的允许。有些成人认为，搭建洞穴的材料非常混乱，这可能是造成洞穴搭建和其他室外建构游戏大量减少的原因之一。因此，当谈及儿童的游戏材料和游戏活动时，我们可能不得不改变我们的思路和用词。

户外建构游戏经常包括宽阔的游戏场所和丰富的社交活动。除了洞穴和堡垒，如果儿童能获取足够的建构材料，那么他们将会搭建房子、商店、修理厂、宠物医院和学校。有时候，儿童还会为动物们搭建栖息地。例如，他们可能在地里挖出一个洞，然后称之为"兔窝"；也可能在灌木丛的树枝下或一些倒下的木头之间铺上干草，然后将其称为"小鹿的床"。这种为动物建造栖息地的活动应该受到鼓励，因为它有助于儿童思考动物的生存条件，养成关心其他生物的意识。

生 存 之 地

不是所有的儿童都熟悉"栖息地"这一词语，但他们可以很容易地就明白这个词语的含义，因为他们知道，所有的生物都需要一个安全的生存之地。这项活动在巩固这一概念的同时，也可以培养儿童关心其他生物的意识。

主要目标

增进儿童对栖息地的理解，让儿童明白栖息地在动物的生活中所发挥的重要作用。

材料

乐高积木
各种动物的图片和模型
鱼的图片或者模型
扭扭棒
橡皮泥

你能做什么

（1）向儿童展示一张鱼的图片或者一个鱼的模型，询问："这条鱼能生活在树上吗？地面下呢？鞋盒里呢？"倾听儿童的回答，询问："鱼生活在哪里？"然后鼓励儿童说出一些其他生活在水里的生物，例如鲸鱼、鲨鱼或者乌贼，并鼓励他们说出一些不能在水里生活的生物，例如小狗、小猫和蝴蝶。

（2）向儿童解释，动物生活的地方通常被称为"栖息地"。同时也向他们解释，动物为了生存，必须保证它们的栖息地是安全的，而且要有食物、水和空气。

（3）向儿童展示不同动物的图片，并鼓励儿童说出动物的栖息地。让他们自己讨论，动物是如何保证自己的栖息地的安全，并获取食物、水和空气的。

（4）给每名儿童或者两名儿童一个他们熟悉的陆地动物模型。让儿童带着动物模型到户外为它们寻找或建造一个栖息地。

（5）让每名儿童都有机会介绍他们的动物，描述他们建构或者发现的栖息地，并解释这个栖息地如何有助于动物的生存。

其他建议

- 阅读安妮·梅哲（Anne Mazer）的《小蝾螈，睡哪里》（*The Salamander Room*）。让儿童画一画在自然栖息地中的蝾螈，并让他们在图画中呈现蝾螈的食物，获得水源的地方，以及如何受到保护。
- 鼓励儿童用扭扭棒、乐高积木或橡皮泥制作动物，并用自然材料为动物建造栖息地。给他们时间，让他们描述自己制作的动物，并说明栖息地如何满足动物的需求。

成人在自然游戏中的角色

虽然自然游戏空间和自然材料对自然游戏至关重要，但充满关爱之心的成人在引导和支持儿童与自然界互动的过程中也发挥着重要作用。然而，成人应该注意，避免在游戏活动中指挥或控制游戏，或试图教授正式的课程。

成人在自然游戏中扮演的角色更多是伙伴或向导，不是教师或者导演。成人的注意力应该集中在培养儿童对自然的好奇和获得愉悦感上，而不是传授事实。这种对成人在自然游戏中的角色的描述听起来令人感到亲切且简单，但实际上，这是我们最困难的幼儿工作之一。正确行事需要大量的观察，也需要洞察力和现场决策力。没有成人的支持，儿童的游戏往往会失败，且不断地重复，缺乏对智力和想象力的挑战。善于

观察的教师会注意到这一点，并能够提供适当的指导或支持，帮助一名或一群儿童达到更令人满意和更有成效的游戏水平。

作为儿童的伙伴，我们要明白，幼儿通过与大自然的互动来了解大自然。他们通过构建自己对世界的理解进行学习，而不是通过倾听和接受成人教授的知识。

儿童需要从成人那里得到一个有吸引力的环境和一份自由，并且需要成人鼓励他们去探索那种环境。他们可能需要成人牵着他们的手赤脚走过一条小溪，或者当他们猜测在泥土深处可能会发现什么的时候，他们需要一双可以倾听的耳朵。

作为负责任的成人，我们在照顾幼儿的时候，也会担心他们的安全。然而，这种担心很容易对幼儿游戏造成不必要的约束。冒险是让游戏变得有趣的因素之一，并有益于促进身体的成长和社会性、情感、认知方面的学习。一般来说，儿童是很好的判断者，他们可以评估境况并确定哪些风险是他们可以应对的，哪些风险是他们无法应对的。他们能够评估自己的技能，并将其与环境或境况相匹配。儿童的抗逆力也很强，能够在错误、失败甚至是小伤之后迅速地振作起来。

适当的冒险和实际的危险是两回事。儿童通常看不到危险，他们可能没有意识到，露天平台下的马蜂窝或塑料袋有窒息的危险，因此我们应该发现这些潜在的危险，并保护儿童不受伤害。但总是为儿童评估风险是错误的，自然游戏应该包括一些冒险游戏。虽然我们的工作是保护儿童不受潜在危险的伤害，但给他们提供丰富的自由游戏和自己冒险的机会也很重要。

自然游戏——通常包括儿童喜欢分享的发现和挑战——有利于培养儿童之间积极的同伴互动。教师们可以通过支持和扩展儿童在游戏中的自发活动，从而充分利用自然游戏的益处。

"嘿，看我发现了什么！我想这是一块化石。"一名儿童惊呼道，她刚刚在院子里的一角独自挖掘时发现了一些有趣的东西。其他儿童过来看"化石",然后和那名儿童一起进行"考古挖掘"。一开始,只有一名儿童独自游戏,很快就发展成了一群儿童之间丰富的合作游戏。在这种情况下,教师通过提供挖掘机、筛子、水桶、刷子和放大镜来支持儿童的游戏活动。她称这些儿童为"考古学家",然后解释了考古学家的工作,并鼓励儿童去看看他们能找到多少种不同的岩石和化石,还让儿童注意它们是在哪里被发现的。

回到教室之后,教师鼓励"考古学家"把他们工作的地方画成一幅大图画,并标出他们发现的最有趣的藏宝地。这个特别的小组由4—5岁的儿童组成,他们至少用了20分钟分享他们的发现,并谈论在绘画中以何种方式来表示他们发现的"宝藏"。

自然游戏通常让儿童一起活动,从而达成一个共同的目标。有时候,这个目标以建构活动的形式出现,比如一起建造一条石子路;有时候,也可能是为了一个角色游戏情节商议角色,比如野营、烹饪或野餐。再次强调,教师在自然游戏中支持同伴互动的最佳方式是根据需要提供道具和建议,增加游戏的丰富性,而不是主导游戏的方向。

对于有些教师来说较为困难的是,不要在儿童的自然游戏中为了解决一些表面问题而进行干预,比如在儿童搭建洞穴时,帮助他们把木棍固定在原地,或者去树枝上摘树叶。复杂的认知和社会参与经常发生在儿童自己解决这些问题的时候,因此教师最好让这个过程按照儿童的计划和安排展开。

虽然成人更应该是促进者而不是教师,但是成人可以为儿童在自然游戏中学习和体验到什么做出巨大的贡献。支持持续的共享思维是促进儿童了解和依恋自然的途径。当两个或更多个体在追求知识中合作,专注于解决一个问题或明确一个概念时,持续共享思维(sustained shared thinking,缩写为SST)就出现了。持续共享思维发生在对话的背景下,其中的个体以严肃的、扩展的方式促进思考。持续共享思维可发生在一名儿童或多名儿童和一个成人之间,或者没有成人直接参与的儿童之间。

当和儿童交谈时，教师通常都期望儿童会听到教师的话，因此告诉儿童能做什么或者该怎么做，对儿童正在做的事进行评价，并给儿童提供信息。然而，当教师和儿童进行真正的对话时，这往往显得有点表面和简短，我们有时称这种互动为"传递对话"。当然，有些情况需要这样的对话，比如问候或分享信息。但是，如果我们与儿童的谈话仅限于简短、表面的交流，或主要集中在提供信息上，那么我们就错失了与儿童的学习和思考建立更深层次、更有意义的联系的机会。

与儿童一起探索大自然是打开持续共享思维大门的绝佳方式，也是加强儿童与自然之间联系的一种极为有效的方式。儿童生来就会被大自然吸引，对大自然的运作感到好奇。反过来，大自然所有灿烂的美好和多样性也会引发儿童的无限好奇，并蕴藏着无尽的秘密，让儿童为此陷入沉思。

当儿童参与自然游戏时，他们有时会自然而然地产生持续共享思维，我们可以通过在自然环境中提供长时间不间断的游戏来培养他们的这种思维。一项新的研究发现，丰富的感官体验和挑战不仅可以引发儿童之间的日常交流，还能激发他们进行高水平的讨论。

有时候，我们应该适当参与儿童的自然游戏并有目的地引发和支持他们的持续共享思维。有几种方法供你使用，一个是提出开放式问题，即不能用单个词语回答的问题。开放式问题的答案无对错之分。开放式问题可以激发儿童的思考，有助于儿童分享各自的观点。

另一种支持持续共享思维的方法是说"想知道……"。例如，你可以说："我想知道，一只雏鸟怎么知道什么时候该啄开蛋从里面出来。"孩子们通常愿意分享他们关于你的疑惑的看法，这可能会激发他们说出自己"想知道"的内容。

此外，叙述也是一种支持持续共享思维的方法。在这种情况下，叙述是指描述儿童正在做的事。这并不是批评或赞扬儿童的工作，它只是用儿童容易理解的语言来描述。例如，对于一名正在玩木棍和沙子的儿童，你可以说："你正在让木棍竖立在沙子上。"注意，你不是在告诉儿童，她看起来是在建造一片森林，也不是在建议她用不同的方式排列木棍，你只是在描述你看到的儿童行为。通常，儿童对叙述的回应是提供更多的信息。例如，拿着木棍玩沙子的儿童可能会告诉你，她正在建造一片森林、一座花园或一道篱笆。然后，她可能会问你一些问题，如"我还能在森林里放些什么呢？"或者"土狼能跳过篱笆吗？"。通过这种方式，你最初陈述的内容可能会演变为一次有意义的对话，并延展和分享出新的想法。

虽然我们不想在自然游戏中直接教学，但是我们应该有意识地培养儿童的思维能力。我们不是告诉他们应该思考什么，而是帮助他们学习如何思考。我们希望儿童具有批判性思维，敢于质疑证据，从而形成自己的想法，在知识中独立探新。当儿童与同伴以及支持他们的

有助于培养好奇心和惊奇感的问题

你在好奇什么？

你怎么认为？

如果……会发生什么？

你怎么知道的？

你还知道些什么？

我们怎么找出（答案）？

我们能够用什么？

我们还需要些什么？

你认为这里发生了什么？

你可以告诉我更多的相关信息吗？

成人一起研究和解决问题时,他们的能力将得以发展,并能够了解到自身还不具备的能力。我们可以通过给予孩子时间去建构理解和共同解决问题来支持这种学习,而不是简单地提供现成的答案和解决方法。

作为儿童的游戏伙伴,我们的任务之一就是培养儿童的观察能力。这包括帮助儿童把注意力集中在大自然的不同方面,使他们有足够的时间掌握一些他们可能错过的模式和联系。可以通过多种多样的非指导性的方式集中儿童的注意力,比如,建议他们使用不同的感官来体验和探索自然世界,如"我想我听到树叶的沙沙作响声了""你想感受这块石头的光滑吗?""你能在这片叶子上看到多少种不同的颜色?"。也可以分享一些自己的观察,如"有东西一直在吃这片叶子""这里的地面真的很硬""我听到小松鼠发出吱吱的声音"。

集中注意力

大自然通过视觉、听觉、触觉、味觉和嗅觉等多种方式刺激着我们的感官。大自然中充满迷人的图形,如星座和云朵。动物以有趣的方式生长,并表现出引人注目的行为。随着时间的推移,植物的生长和变化也很有趣。大自然在同一时间发生着各种各样有趣的事情,让幼儿把注意力集中在大自然的任何一个特定方面都是一种挑战,但我们可以通过有趣的活动帮助他们集中注意力。

主要目标

儿童能够把注意力集中在叶子的形状上,并把它们与相应的植物匹配。

材料

纸
铅笔、记号笔，或蜡笔
各种各样的树叶

你能做什么

（1）在院子里的灌木丛和树上收集不同类型的叶子，给每名儿童分发一片叶子。
（2）让儿童仔细观察他们的叶子，并鼓励他们描述自己的关注点，如颜色、形状、质地和大小。
（3）让儿童找到一棵灌木、一棵树或其他具有与他们的叶子相同的叶子的植物。
（4）请儿童画一画他们手中的叶子，以及长出这片叶子的植物。

其他建议

- 给每名儿童一张特定形状的卡片，让他们把注意力集中在自然界中的形状上，比如圆形、正方形、三角形或长方形。让他们在自然界中找到与他们手中卡片的形状相匹配的事物。
- 让儿童安静地聆听环绕在他们周围的声音，当他们听到不是人为发出的声音的时候，就举手告诉大家。让儿童指出声音的方向，分辨这个声音，并且思考它是由什么产生的。

对有些儿童来说，他们直接接触大自然比其他儿童更具挑战性。例如，当同伴积极地参与户外自然游戏时，残疾儿童有时则被留在一旁。事实上，户外时间是有特殊需要的儿童一天中最孤独和最少参与的时间。除了身体的残疾，其他因素也可能干扰儿童与自然的积极接触，比如把衣服弄脏的恐惧和担忧。作为教师和游戏伙伴，我们应该敏锐地意识到是什么阻碍了儿童探索自然，并尽我们所能去消除或减少这些障碍。

对于有听力障碍的儿童，在必要的情况下，我们最好待在他们的视线范围之内，这样更容易引起他们的注意。使用一些简单的手势和姿势吸引儿童的注意力，让他们明白你想让他们做什么。

对于有视觉障碍的儿童，你可以提供清晰的语言描述和大量的动手操作，也可以增加一些声音，比如风铃声，从而帮助他们在户外环境中根据声音的来源确定自己的方位。声音也会增加环境的趣味性，为了使户外空间的趣味性和互动性最大化，你还可以添加一些乐器。马林巴琴和木琴非常有趣，但更简单的乐器，如摇动器、拨浪鼓和扇鼓，也可以在户外游戏空间里发出悦耳的声音。

行走绳索和大型推拉玩具有时适用于有视力障碍或者失明的儿童，以帮助他们在环境中安全地走动。行走绳索由一根或者两根水平的绳子组成，这些绳子引导儿童从一个地方走到另一个地方。虽然行走绳索可以让儿童在行走时感到自信和安全，但它们只应该在真正需要的时候使用。大型推拉玩具，比如结实的玩具购物车，也可以帮助有视力障碍的儿童从一个地方走到另一个地方，保护儿童免于跌落或者碰撞。保持通道整齐有益于所有儿童，尤其是那些视力受损或行动不便的儿童。另一种帮助行动不便的儿童，包括那些坐在轮椅上的儿童的方法是，在草地、沙地和土壤上放一个塑料垫。

对于一群发展水平不同的儿童，我们应该为他们提供不同水平的游戏和学习材料，并允许他们进行大量的自主选择活动。对于那些有恐惧心理的儿童，就不要对他们说"这没有什么可害怕的"，也不要让他们接触他们害怕的东西。最好是鼓励他们密切地观察动物的活动或进食，也可以鼓励他们仔细地观察动物的眼睛、脚、皮毛，并描述他们的所见所闻。当他们准备好后，有恐惧心理的儿童或许愿意给一只小狗喂食，或把水放进它的碗里。对于那些担心被弄脏的儿童，可以允许他们使用搅拌棍，可以在泥泞的小路上放置垫脚石，并为他们提供一个简易的户外洗涤站，还可以在开展脏乱的活动时，让他们换上旧衬衫或者穿上围裙。

在儿童早期，要帮助幼儿懂得，应该尽自己所能去关爱我们的地球家园。可以向儿童示范尊重地球和一切生物，包括不乱扔垃圾，不毁坏动物的栖息地，温柔地对待动植物；节约水、能源、纸张等资源。想要儿童学会尊重地球，最好的方法就是树立榜样。当然，在树立榜样的时候，始终保持一致的行为十分重要，并让儿童理解我们正在做什么以及为什么要这样做。我们要积极地指导儿童保护地球，但不要告诉他们不要做什么。

- 把垃圾扔进垃圾桶里。其中可循环利用的东西，要放进可回收垃圾箱里。
- 了解动物的栖息地，并尊重它们的家园。
- 善待动植物。
- 只取所需。

只要受到一点鼓励，儿童就想成为环境的守护者。作为教育工作者，我们应该抓住教育契机，引导儿童以对环境负责的方式与地球建立联系。

第3章

在探索和实验中亲近自然

远近探索

你上一次思考探索的意义是什么时候？探索时有什么感觉？把自己想象成一名探险家，回想你在探索新事物时的喜出望外，你就会更加理解，为什么幼儿如此热衷于探索他们周围的世界。

洞里有什么呢？石头下有什么呢？葫芦里面装着什么呢？这些问题都能引发我们的探索，好奇心和兴奋感会贯穿始终。探索时，我们永远无法预知我们会发现什么，这就是它的趣味所在。

幼儿可以在自己家的后院当探险家，他们在院里总会有新的发现。自然界里最有趣的就是，没有两个地方是完全一样的——每个地方都有它独特的一面，并且自然界是不断变化的。一点点鼓励就能激发孩子们探索自然的欲望，使他们在发现自然的过程中收获快乐。

如今，很多孩子都把大部分时间花在对电子媒介的探索上。因此，他们可能更熟悉计算机或智能手机上的图标，而不是自家后院的植物和野生动物。让孩子们对周围的自然界感兴趣的一种方法是，帮助他们发现户外环境独有的特征。哪里阳光明媚，哪里比较阴凉？如果你在挖泥土，那么你可以在哪里找到虫子？蜘蛛喜欢在哪里结网？下雨后会在哪里形成水坑？小鸟在树上多高的地方筑巢？有没有这样一个地方，那里的有些地面是硬的，有些地面是软的？你没有必要告诉他们这些问题的答案。事实上，不告诉他们答案才是最好的。与教授相比，幼儿在探索和发现中能学到更多。他们对某个地方的感知形成于他们在那个地方能做什么、能发现什么，而不是从他人那里学到的知识。

理解和情感在场所感的发展中起着重要的作用，这是让儿童亲近自然时要考虑的重要因素。"场所"这一词语在这种情境下不只是指一个特定的地理位置，更是指某一地理位置的独特性。我们可以通过提供丰富的探索和操作活动来培养孩子的场所感。我们也鼓励儿童与自然环境直接接触，比如：赤脚走在沙滩上、草地上，或者水里；玩水、沙子和泥；把自己埋在一堆树叶里；在灌木丛中或一些高茎草后面爬行。

你还可以给孩子们探索和游戏的户外环境增加一些"魔力"，从而强化他们的场所感，例如向日葵、牵牛花、南瓜地、蝴蝶花园、风向袋和风车、园林旗、篮子、喷壶、马赛克球、动物雕塑和石板路。这些都可以增强孩子们在特定的地方体验到的喜悦感和愉悦感。适度地运用这些元素当然非常重要，但其重点应该是自然界而不是装饰物。

对孩子们来说，有吸引力和趣味性的地方所具备的关键因素是，它能让他们积极地探索和参与。我们有时使用"可供性"一词表示一个物体或者地方的游戏价值。如果我们的目标是让儿童亲近自然，那么我们最好要考虑一下户外游戏区域的可供性。提供各种各样的开放性材料可增强一个地方在游戏和学习方面的可供性。自然材料是理想的开放性材料，它们有不同的质地、颜色和气味，大小、形状也各不相同；有些可以浮起来，有些则不可以；有些重如磐石，有些则轻如羽毛。开放性材料具有强大的可供性，它们能激发想象力，鼓励探索，吸引儿童主动动手实践。

探索在户外自然区域中发现的开放性材料，有助于儿童了解该地区的特点。羽毛表明鸟类的存在，地上的叶子代表某种树的存在，而松果则代表另一种树。通过探索自然环境中的开放性材料，儿童将开始了解某个特定地方的故事和特点。例如，他们会从被吃掉了一部分的叶子中了解到，这个区域曾经或者现在存在着毛毛虫、昆虫或其他动物。

对自然中心和动物园的实地考察既具有教育意义又令人兴奋，但就让儿童接触自然而言，这些都不是必要的。大自然就在教室外面，每个户外空间都能让儿童感受到天空、空气、植物、野生动物和天气的变化。

下面是一些有助于儿童探索自然的活动。但是，请记住，给儿童足够的机会制订他们自己的探索计划。打开门，让他们去探索吧！

青苔遍布的地方

苔藓是无花植物。它们通常很小，密集地生长在阴凉、潮湿的地方。有时，苔藓生长在较低的树枝和树干上，给人一种绿色皮毛的感觉；有时，苔藓覆盖大面积的地面，看起来像一块绿色的地毯。苔藓也可以在更小的地方生长，出现在墙壁、石头和人行道上。虽然苔藓几乎可以在美国的任何一个地方生长，但是沙漠里的苔藓比其他的地方要少得多。这是因为，苔藓需要从空气中吸收水分，而沙漠中的空气往往非常干燥。

主要目标

儿童将探索教室外的自然区域，寻找苔藓和其他有趣的植物。

材料

苔藓

其他植物

你能做什么

（1）摆放一些苔藓和一两种其他种类的小植物。如果院子里没有足够多的苔藓，通常可以从苗圃里获取，因为苔藓往往会被用于制作盆栽小植物。

（2）让孩子们比较不同种类植物的大小、颜色和质地。

（3）向儿童解释，大多数植物的根生长在地下，但是苔藓没有根，并向儿童展示。向儿童解释，苔藓因为没有根，所以有时可以生长在石头和墙上。

（4）带孩子们去户外找苔藓。让他们查看每个地方——不要只看地面。每当有孩子找到苔藓，便鼓励其他孩子来看一看苔藓和找到苔藓的地方。

（5）在探索了大约10分钟之后，让孩子们讨论他们找到苔藓的地方。

如果有孩子发现苔藓仅生长在树、石头或者建筑物的一侧，那么你就可以帮助他们理解这一现象的原因。讨论之后，让孩子们继续探索，看看他们能找到什么其他有趣的植物，鼓励他们注意这些植物生长的地方。

其他建议

- 为教室制作一个盆栽小植物，包括苔藓。
- 展示苔藓生长在树上和墙上的图片。
- 通过给孩子们其他需要去户外寻找的特别的东西，来鼓励他们进一步探索，比如红红的东西、圆圆的东西、光滑的东西等。

冰冷的地方

了解天空中的物体——太阳、月亮、星球和星星——是所有年龄段儿童科学课程的一部分。幼儿主要通过动手操作和探索来学习，然而天空中的物体是他们无法操作的。但是，孩子们可以通过探索太阳对地球的影响，尤其是在热和光方面的影响，了解更多关于太阳的知识。在这项活动中，孩子们将探索太阳对冰的影响。

主要目标

孩子们将在室外进行探索，寻找那些冰融化速度较慢的地方。

材料

雪、冰块或者碎冰

你能做什么

（1）当一些地方的雪和冰已经融化，而其他地方的雪还没有融化的时候，把孩子们带到户外。让孩子们寻找有冰雪残留的地方，鼓励他们查看不同的地方，甚至是灌木丛下和岩石边。你如果住在一个冰雪稀少的地方，那么只需要把一些冰块和碎冰分别放在阴凉的地方和阳光充足的地方。冰块和碎冰会在阳光下迅速融化，留下水坑或者潮湿的斑点。

（2）探索了大约10分钟之后，让孩子们讨论，他们都是在哪里找到冰雪的。如果有几个孩子发现冰雪只在树、石头或者建筑物的一侧，那么你就可以帮助他们理解这一现象的原因。

其他建议

- 给每个孩子两块冰，让他们把一块放在自己认为融化得最慢的地方，另一块放在自己认为融化得最快的地方。
- 在户外，用温度计测量阳光充足的地方和阴凉的地方的温度。

一起找形状吧[1]

自然界中有各种各样的形状！学习描述形状可以培养孩子们的观察能力，增加他们的词汇量。

主要目标

孩子们将用圆形、弧形、直线、弯曲等词语描述形状和线条，并开始

---

[1] 本活动由格温德琳·约翰逊（Gwendolyn Johnson）博士提供。——原书注

使用"矩形"和"圆形"等词语。

材料

关于形状的书，例如，艾瑞·卡尔（Eric Carle）的《我的第一本形状书》（*My Very First Book of Shapes*）或者苏斯博士（Dr. Seuss）的《五花八门的影子》（*The Shape of Me and Other Stuff*）。

你能做什么

（1）给孩子们读一本关于形状的书，如艾瑞·卡尔的《我的第一本形状书》或者苏斯博士的《五花八门的影子》。

（2）带孩子们外出散步，让他们寻找直的和弯曲的线条。例如，他们可能会注意到人行道的边缘是直的，而树的枝干是弯曲的。

（3）让孩子们寻找形状，如一块砖上的长方形。

其他建议

如果不能带孩子们出去散步，那么可以找一些自然界的图片，让孩子们在图片中寻找笔直的、弯曲的线条和各种形状。

学校附近的社区是一个探索的好地方。探索临近地区的好处之一是，不需要交通工具——走出去就可以了。但是，带孩子们在附近散步时，需要注意以下事项。

- 计划路线和目的地——自己事先走一遍看看。你需要确保那里是安全的、能够进入的，并且有可探索的有趣的东西。
- 按照幼儿园或中心的规定，将孩子带到其他地方。你可能需要得到家长或监护人的书面许可。
- 随身携带手机和急救用品。
- 如果需要，带上水和零食。
- 在路上慢慢地走，给孩子们充足的探索时间。

- 准备一些让孩子们积极参与的点子。以下是一些建议。
  * 让孩子们寻找特定的东西，如一朵有五瓣的花、会飞的动物、爬行动物或者湿的东西。
  * 让孩子们用两个词语来描述他们看到的东西。
  * 让他们描述某物的质感和气味。
  * 让他们听一些特定的声音，如鸟、昆虫或风。

在社区散步的时候，你可以带领儿童探索一些很棒的地方，包括人行道上的裂缝、停车场边缘的草地、附近的小溪，以及一些建筑物之间的通道。幸运的话，你们还可以探索花园或温室、公园、树林、池塘、小溪。

"那是什么？"这是很多孩子在大自然中遇到新事物时普遍会问的问题。作为一名教师，你可能觉得这个问题有点令人生畏。也许你认为，要让孩子亲近自然，你就需要知道正确的答案，但事实并非如此。一种让孩子亲近自然的好方法是，帮助他们成为优秀的观察者。用一个词语来回答"那是什么？"，实际上可能不利于孩子们成为更好的观察者。假设，一个孩子注意到一幢建筑物边上有一只蜗牛，于是他问："那是什么？"如果我们告诉孩子这是一只蜗牛，那么这个对话和观察可能就此结束。其实，我们不要只是告诉他，他看见的是一只蜗牛，而是应该说："噢，你发现了一个非常有趣的生物，它背上好像背了一个壳。"这样，孩子可能会看得更仔细，甚至可能会再问一个问题，比如"壳硬吗？"或者"它为什么在墙上爬？"。

或许你对蜗牛知之甚少，这没关系，让儿童亲近自然的主要目的不是让他们了解一系列关于自然界的事实。就儿童亲近自然而言，灵感和自然的魅力比确凿的事实更重要。蕾切尔·卡森是一名科学家，同时也是《惊奇之心》的作者，她将儿童对事物命名的活动称为"识别游戏"。她说，这个游戏的价值取决于你怎么玩。"如果将游戏本身视为目的，我就认为它没有什么用处。"她断言："感觉比知道更重要。"

观察是指注意和收集有关我们所生活的世界的信息。一个帮助儿童更仔细地观察的方法是，向他们提出需要集中注意力的问题。下面的例子与儿童的提问有关，当他看到一栋建筑物旁边的一只蜗牛时问："那是什么？"

- 你认为这只蜗牛在做什么？
- 蜗牛是如何移动的——你看到它的腿和脚了吗？
- 关于蜗牛，你还注意到了什么？
- 蜗牛身上的什么东西使它看起来像虫子或乌龟呢？

这些问题不仅可以帮助儿童注意到蜗牛身上的更多细节，也可以引发儿童思考蜗牛如何与环境中的其他事物相联系。毕竟，大自然不只是多个独立部分的集合！联系对大自然的运作至关重要。

- 你认为蜗牛生活在哪里？
- 如果我们四处转转，你认为我们能找到生活在这里的其他蜗牛吗？
- 你认为蜗牛吃什么？它是怎么得到食物的？

再次强调，知道这些问题的答案并不重要，真正重要的是培养孩子深入观察的能力，激发孩子的好奇心，支持孩子惊奇感的发展。关注栖息地是一种理想的方式，能唤起人们对自然中的事物之间的联系的注意。栖息地是生物生存和生长的自然场所，动植物都是生物，因此都需要栖息地才能生存。

树上和树周围的生物

树是许多动物的家园,它为动物提供生存所需的住所和食物。树也为其他植物提供栖息地。在这项活动中,孩子们将寻找生活在树上和树周围的动植物,发现动植物如何以各种方式依树而生。

主要目标

孩子们将通过观察进一步理解,树是其他生物的栖息地。

材料

树
双筒望远镜
带夹子的写字板
挖掘工具
放大镜
纸
铅笔

你能做什么

(1)把儿童的注意力集中在一棵树上。让他们保持安静,观察任何可能把这棵树当作家的生物,并注意倾听它们的声音。

(2)就他们注意到的每一种有机物,向他们询问:"你认为这棵树给它提供了什么,食物、住所还是阴凉?"

(3)几分钟后,让孩子们更仔细地观察树皮和树根周围的其他生物及其留下的痕迹。告诉孩子们,树也可以成为其他动植物的家园。如果想要孩子们更近距离地观察,可以给他们提供放大镜、双筒望远镜和挖掘工具。使用带夹子的写字板、纸和铅笔记录孩子们的发现。让他们寻找有机物,例如:

> 昆虫
>
> 蠕虫
>
> 被吃掉了一部分的叶子
>
> 树枝和树皮上的牙印
>
> 巢及筑巢材料
>
> 羽毛
>
> 毛皮
>
> 蘑菇
>
> 苔藓
>
> 幼苗

（4）询问孩子们，是否知道其他在树上生活，或者以树为食物和住所的动植物。他们可能知道松鼠、海狸和蕨类植物。

其他建议

- 阅读尼斯·梅·伍德里文的《树真好》。
- 让孩子们画一画树和一些依树而生的动植物。
- 在落下的树枝和腐烂的树叶下寻找任何可能生活在那里的生物。

不同高度的生活

本活动将关注不同高度的动物栖息地——高高的树上、灌木丛里、草丛中以及地下。关注动物有助于儿童进一步理解,为了生存,动物需要与其需求相匹配的栖息地。

主要目标

通过观察和反思,孩子们将更了解不同的动物栖息地。

材料

生活在树上或者树里的动物的剪纸和图画
大白布
大海报纸
记号笔

你能做什么

(1)带孩子们到户外去寻找生活在树上、地上、地下等不同地方的动物。
(2)让孩子们站在一棵树旁,抬头看它的树枝,询问以下问题:
  » 如果你爬到这棵树的顶端,你可能会看到什么动物?
  » 如果你在较低的树枝上,那里可能生活着哪些不一样的动物?
  » 你知道,什么动物生活在树干上或者树皮上吗?

(3)把一块大白布放在灌木丛的树枝下。轻轻摇动树枝,寻找掉落在白布上的生物,如蜘蛛、瓢虫和毛毛虫。
(4)询问:"什么动物可能生活在树、灌木丛或草丛附近的地面上?"根据当地的气候,孩子们可能会说,蚱蜢、蚂蚁、兔子或者花栗鼠。

（5）让孩子们试一试，看看是否能找到任何动物或者动物留下的痕迹，如一簇毛、动物足迹，或被吃掉了一部分的叶子。看看石头和其他可能藏着动物的地方。

（6）询问："什么动物可能生活在地下？"如蠕虫、鼹鼠和蚂蚁。

（7）在一张大大的海报纸上画出一棵树和灌木的轮廓。在不同高度的动物栖息地贴上动物的剪纸或图画，如高高的树上、较低的树枝上、灌木丛中，等等。

其他建议

- 让孩子们就"动物栖息地如何有助于其生存这一话题"分享自己的看法。他们可能会说，"它保护动物免受捕食者的伤害，因为它在树的高处或藏在地下"，或者"它为动物提供食物"。
- 让孩子们就"如果你是动物，你想住在哪里，你为什么喜欢住在那里"这一问题分享他们的看法。
- 给孩子们看一张池塘的图片。让他们分享自己对于生活在池塘里或者池塘周围的动物的看法，如鱼、蜻蜓、青蛙、鸭子，等等。让他们画一画池塘里和池塘周围住着野生生物的场景。

风 起 时

虽然我们经常能看到风对其他事物的影响，但我们看不到风本身，孩子们对此很感兴趣。风的另一个有趣的特点是，它是自然界中的连接物。有时，风会携带植物的种子，也会帮助鸟类和蝴蝶迁徙。在这项活动中，孩子们将关注植物在风的帮助下，如何将种子传播到促进他们生长的栖息地。

主要目标

通过观察，孩子们将了解，风如何通过传播种子来帮助植物生长。

材料

种子，如蒲公英、马利筋或枫树的种子（如果找不到真正的种子，可以使用照片）

你能做什么

（1）让一个小组的孩子蹲下身子紧紧挨在一起，假装成开始生长的种子。随着种子的生长，他们慢慢地站起来，然后伸出双臂。孩子们一定会开始互相碰撞，向孩子们提问："你怎样才能获得更大的生长空间呢？"倾听他们的回答。告诉孩子们，种子没有腿，它们不能走到其他地方，但风能帮助它们。

（2）给孩子们看一些经常借助风传播的种子，如蒲公英、马利筋或枫树种子。若没有真正的种子，也可以用图片。和孩子们讨论，种子的形状、大小和重量如何有助于这些种子随风扩散。

（3）请孩子们表演种子被风吹散时的样子。让一半孩子挤在一起，他们就是种子，另一半孩子是风，风把种子吹过房间或者院子。

其他建议

- 在有风的日子外出寻找被风吹过的所有事物，如树枝、树叶、种子、旗帜和我们的头发。
- 用两个中等大小的盆装满土。在其中一个盆里种几颗靠得很近的种子，在另一个盆里把种子种得远一些。让孩子们参与照料新长出来的植物。几天后，比较两盆植物的生长情况。询问孩子们："为什么这一盆种子比另一盆长得好？"让孩子们认识到，种子的间隔大，植物就有更多的生长空间。讨论风和水怎样扩大种子之间的间隔。
- 将一些种子漂浮在水中，观察它们是怎么从一个地方漂流到另一个地方的。

我们用感官来体验和了解我们周围的世界。虽然我们通常会用五种感官来促进思考，但作为教师，相比其他感官而言，我们可能更注重视觉。然而，当被允许自由探索时，孩子们更有可能运用其他感官。他们会触碰冰和泥，闻花香，听屋顶上的雨声。当我们和孩子一起探索自然时，我们和他们做相同的事情，从而成为孩子更有趣的伙伴。

事实上，我们还可以利用一些现在受到神经学家认可的感觉，包括：本体感、平衡感和体位感；用来检测疼痛、压力和温度的躯体感觉系统；还有用来检测运动和加速度的前庭感觉。我们也有直觉，有时被称为"第六感"。直觉是一种不依赖或超越理性的认知方式，是通过内省和即时意识获得的更成熟的感知。有时候，听从直觉意味着更加关注大自然如何与我们相连，而不仅仅是我们如何与大自然相连。

作为孩子们探索自然的伙伴，我们最好有意识地调动我们所有的感官投入自然，并鼓励孩子们也这样做。美国著名的自然画家乔治娅·奥·基夫（Georgia O'Keeffe）鼓励我们去"触摸花朵，倾身闻一闻，也许可以亲亲它"。

我们希望孩子们通过探索自然深刻地理解,自然界中的一切事物都是相互联系的。我们希望他们真正地意识到,自然中的一切"牵一发而动全身"。例如,从森林中移走大树会影响住在树上和树周围的动植物。我们也想让孩子们更多地认知自然界中大量存在的一般规律,如白天与黑夜交替、冬去春来、种子发芽长成植物。在这个规律中,也存在着差异,例如,动植物如何以不同的方式应对天气的变化。

冬 眠

许多动物将冬眠作为食物缺乏时节省能量的方法。当天气变得更冷时，它们会进入隐蔽的区域，较少活动或进入休眠状态。它们的体温和心率下降，呼吸变慢。冬眠者和深度睡眠者在进入冬季的栖息地之前会吃更多的食物，因为它们在几个月之后才能再吃东西。多吃的食物会给它们的身体增加脂肪，有助于它们保暖。

主要目标

孩子们将更加了解，当气温降低时，一些动物是如何冬眠的。

材料

碎冰
泥
塑料浴盆
乌龟模型

你能做什么

（1）询问孩子们，如果天气非常冷，他们会怎么保暖。他们可能建议，穿上外套，爬到毯子下面，或者去更暖和的地方。

（2）询问孩子们，有没有想过，当外面真的很冷的时候，动物会怎么做。例如，有些会迁徙到更暖和的地方，有些会长出更厚的毛，有些会爬进有遮蔽的地方。向孩子们解释，一些动物在冬天是如何冬眠或者睡觉的，例如：花栗鼠进入地洞，蟾蜍在土里挖洞，熊进入洞穴或者兽窝。

（3）使用乌龟模型给孩子们介绍"汤米龟"。询问孩子们，是否见过乌龟坐在原木上或者池塘边的草地上。向孩子们解释，乌龟是如何钻入池塘底部的泥里，且一直待在那里直到天气变暖的，同时可以把汤米龟埋在一个装满泥浆的容器里进行展示。向孩子们解释，泥浆如何帮助汤米龟保暖，即便是在下雪且池塘的水结冰的时候。在泥上撒些碎冰，告诉孩子们，汤米龟会变冷——但不会冷得像冰一样。让孩子们扮演乌龟，随着你描述季节的变化开始和结束冬眠。你可以先说今天天气真暖，并鼓励这些"乌龟"从一个地方慢慢地爬到另一个地方觅食。再描述温度是如何变低的，乌龟是如何挖泥的。告诉孩子们，乌龟会一直待在那里，直到外界气温回升。让孩子们先保持腿部不动，再是胳膊和上半身不动，最后是他们的脖子和头不动。当你说天气变暖时，让孩子们逐渐"苏醒"。

其他建议

- 写一本关于汤米龟的书，展现它在一年中的不同季节所做的事。
- 阅读有关冬眠的儿童书籍。不是直接朗读这些书，而是关注照片，同时和孩子们谈谈每种动物在冬天都会做些什么。让孩子们画一画动物，并展示当外界温度变冷时，它会做什么。

动物家园

所有的生物都需要庇护所和某个地方来养育后代。动物家园的差异是巨大的，有些动物生活在水里，有些在陆地上，有些动物寄居在其他生物的身体上，有些生活在地下。这项活动将帮助孩子们寻找不同类型的动物家园，让孩子们注意动物建造家园的材料，从而成为更好的自然观察者。

主要目标

孩子们将更加了解各种动物家园，及其与更大的环境的联系。

材料

有夹子的写字板
铅笔
《寻找地点表》

你能做什么

（1）在室外不同的地方寻找动物及其家园。想一想，"为什么这个地方适合动物生活？"例如，有的能保护动物免受捕食，有的能保护动物免遭炙热阳光的暴晒，有的位于食物或水源地附近。

» 把石头或者木头翻过来，寻找生活在那里的小动物，再把石头或者木头放回原处。
» 挖土，你能找到虫子或蚂蚁吗？
» 在一堆落叶中，你能找到千足虫或者球潮虫吗？
» 在树枝、叶子和灌木丛的花朵中，你能找到瓢虫、蜘蛛或者毛毛虫吗？
» 在草地上，你能找到蚱蜢吗？
» 抬头看看树上，你看到鸟巢了吗？
» 在枯树或倒下的大树的树皮下面，你看到小动物或者它们留下的痕迹了吗？

（2）将你们的发现记录在一个简易的图表中，如下所示。

寻找地点表

寻找地点	我们的发现
石头或者木头下	
土壤中	
落叶里	
灌木丛里	
草地上	
树上	
枯树的树皮下	
其他地方	

其他建议

- 早春时节，摆出小段的纱线和干燥的毛线，让小鸟用来筑巢。
- 在户外潮湿、僻静的地方放一块地毯。每隔一段时间仔细检查是否有小动物聚集在那里。和孩子们讨论，为什么动物会选择住在那里。
- 阅读一些关于动物家园的儿童读物，例如：
    - 《有人在家吗？》(*Anybody Home?*)——艾琳·费希尔（Aileen Fisher）；
    - 《动物之家》(*Animal Homes*)——布莱恩·威尔史密斯（Brian Wildsmith）；
    - 《石头下面的世界：甲虫，鼻涕虫和其他吓人的虫虫》(*Under One Rock: Bugs, Slugs, and Other Ughs*)——安东尼·弗雷德里克斯（Anthony Fredericks）；
    - 《我的房子我的家》(*A House Is a House for Me*)——玛丽·安·霍伯曼（Mary Ann Hoberman）。

各种各样的石头

石头有不同的形状、大小、颜色和纹理。有些石头是硬的,有些石头是软的、片状的。这项活动有助于孩子们关注石头之间的不同之处。

主要目标

通过观察和操作,孩子们将更加了解各种各样的石头。

材料

水桶

挖掘工具

拜尔德·贝勒(Byrd Baylor)的《人人都需要一块石头》(*Everybody Needs a Rock*)

画笔

塑料浴盆

天平

蛋彩画颜料

各种各样的石头

手推车

水

你能做什么

(1)给孩子多种摆弄不同的石头的机会:

- » 洗涤
- » 堆积
- » 衬砌道路
- » 称重
- » 计数

- » 涂色
- » 掩埋
- » 用手推车拖运
- » 用桶搬运
- » 相互摩擦
- » 制作马赛克

（2）阅读拜尔德·贝勒的《人人都需要一块石头》，并执行以下操作。
- » 为每个孩子寻找"合适的石头"。
- » 让每个孩子描述自己喜欢石头的哪一点。
- » 让孩子们闭上眼睛，从一堆石头中挑出"他们的石头"。

其他建议

- 邀请地质学家或珠宝店的商人与孩子们讨论各种各样的石头。
- 阅读彼得·巴奈尔（Peter Parnall）的《石头》（*The Rock*）和佩姬·克里斯琴（Peggy Christian）的《如果你找到了一块石头》（*If You Find a Rock*）。
- 如果孩子们有用于探索活动的工具，那么他们更有可能进行探索，例如：
  - ❖ 儿童挖掘工具
  - ❖ 放大镜
  - ❖ 喷雾瓶
  - ❖ 塑料刀
  - ❖ 水桶
  - ❖ 捕虫网
  - ❖ 分拣托盘
  - ❖ 指导手册

实验

实验可以扩展观察和探索。实验主要涉及验证想法，比如，我能在这座塔倒塌前再加一块石头吗？如果我对蚂蚁吹气，它们会怎么样？如果我把冰块放在炎热的人行道上，它融化的速度会有多快？从严格的意义上讲，实验必须包含一个假设，且必须控制变量。但对幼儿来说，实验只是对他们感兴趣的事情进行调查。你不一定要成为一名科学家——或者有很强的科学背景——才能指导幼儿进行实验。事实上，好奇的孩子会投入他们自己的实验或调查中，尤其是如果你提供了有吸引力的材料，他们就会自在地"乱摆弄"，并且很喜欢尝试不同的想法。开展模拟实验的好方法是提出问题，这些问题引发我们这样回答："我们试试吧！"这里有一些很好的例子：

- 如果我们把水倒在沙子、木头、海绵、硬土、软土、雨伞等上面，会发生什么？
- 风吹来时，哪一个会被吹得更远，羽毛，还是叶子？
- 如果我摸毛毛虫，它就会动吗？
- 种子总是需要土壤才能发芽吗？
- 如果我发出很大的声音，蜗牛就会钻进壳里吗？
- 水通过漏斗的速度比沙子快吗？

在努力让儿童亲近自然的过程中，我们应该始终考虑我们的行为对环境造成的影响，在做实验时考虑这一点尤为重要。通过做实验来探查后果，我们应该鼓励儿童的这种好奇心。但是，如果我们不加以小心，我们所做的与自然相关的实验就可能对环境造成负面影响，甚至可能会导致儿童以不可取的方式接触自然。在努力帮助孩子学习的同时，我们也应向他们示范如何以恰当的方式亲近自然。就儿童而言，我们的目标应该是培养他们对自然的尊重和敏感。我们希望孩子们操作自然材料，但不希望他们破坏自然。以下是一些指导建议，帮助儿童以适宜的方式接触自然环境。

- 不要从活树上剥树皮或折断树枝。
- 收集植物作为材料时,首先选择已败落的植物或植物败落的部分。尽量少采摘活着的植物。
- 你如果捕捉小动物进行观察,那么一定要尊重它们。只喂养一小段时间,并将它们放回它们的自然栖息地。
- 尽量不要改变或破坏动物的栖息地。
- 善待所有生物——植物和动物。
- 不要养无法妥善照顾的教室宠物和植物。

以下是一些你可以与幼儿一起做的适宜环境的实验。但是要记住,孩子在自己做实验时,成人应该多给予他们支持和鼓励。

沙子里的种子

大多数植物依靠土壤中的养分生长。下面的活动是让孩子们参与一项调查，看看植物是否会在沙地上生长。

主要目标

孩子们将通过一个简单的实验来验证想法。

材料

盆栽容器
盆栽土
沙子
种子
水

你能做什么

（1）让孩子们注意到，大多数植物生长在土壤中——即使是生长在人行道裂缝之间的植物。
（2）询问："你认为，种子会在沙子里生长吗？"在孩子们猜测之后，让他们试一试。
（3）把一些种子种在一盆土壤里，再把同样的种子种在一盆沙里。把两个盆子都放在阳光充足的地方，并保持湿润。
（4）看看会发生什么！随着时间的推移，观察两盆种子的情况，帮助孩子注意这些变化。

其他建议

- 比较种植在同样的土壤中享受不同的光照或水分的两盆植物。
- 将植物置于冰点以下的气温中，看看会发生什么。

蚯蚓和蜗牛

陆地蜗牛移动时会留下一条黏糊糊的痕迹,孩子们将知道,蚯蚓是否也是这样。拿到蚯蚓时,保持它的皮肤湿润,以使它能够呼吸。

主要目标

孩子们将通过一个简单的实验来验证想法。

材料

黑色美术纸
蚯蚓
陆地蜗牛
湿纸巾或浅口的水碟

你能做什么

（1）将一只陆地蜗牛放在一张黑色的美术纸上。稍等片刻,注意蜗牛移动时留下的黏糊糊的痕迹。

（2）询问:"蚯蚓移动时是否会留下同样的痕迹?"试试看!但是在把蚯蚓放在美术纸上之前,要先把它放在湿纸巾或一盘浅水中观察几分钟,之后看它移动时是否会留下黏糊糊的痕迹。

（3）实验结束后,把蚯蚓和蜗牛都放回它们的自然栖息地。讨论蚯蚓和蜗牛的相同和不同之处。

其他建议

- 将一只或多只陆地蜗牛放在由塑料或玻璃制成的透明容器中。
- 给蜗牛两种不同的食物,如黄瓜片和蒲公英叶,观察它们更喜欢哪种食物。
- 用深色的纸或布覆盖玻璃容器的一侧,观察蜗牛在玻璃容器的浅色面还是深色面停留的时间更长?

园艺与儿童

与孩子们一起做园艺是促进孩子亲近自然,并教给他们有价值的环保理念的一种绝佳方式,由此,他们开始学会关心其他生物的需求。此外,做园艺可以促进幼儿的动作协调和情感发展。由于儿童花园的存在,随着时间的推移,孩子们能体验到照料并产出有价值的事物的满足感。这是儿童骄傲的来源,有助于其自尊的形成。

孩子们在花园中形成的环保理念之一是,我们如何依靠自然界生存。这反过来又将促进他们对环境的尊重和欣赏。和孩子们一起做园艺能够培养他们的惊奇感,有利于他们深入理解大自然的运作方式。此外,园艺活动提供了许多观察、发现、实验、培植和学习的机会。美国

> **儿童园艺小贴士**
>
> - 让儿童积极参与整个过程——从计划和种植，到照料和收获。
> - 为儿童提供真正的园艺工具。儿童工具是最好的，但不是玩具。
> - 为成功做好准备。选择一个土壤肥沃、光照充足的地方，再选择当地容易生长的植物。
> - 提供一种围起花园的方式，如低矮的围栏、一层砖或一排石头。
> - 让儿童展示他们的花园。邀请家长和其他参观者来观看他们在花园中的工作。你也可以拍摄花园的照片，并通过简报、公告栏或者网站分享。

宾夕法尼亚大学营养科学副教授多萝西·布莱尔（Dorothy Blair）对有关学校开展园艺活动益处的文献进行了综述，发现园艺能提高孩子们对科学的兴趣，改善他们在科学方面的表现。而且，园艺也增强了他们吃各种水果和蔬菜的兴趣。

当然，花园的形状、大小可能各不相同，虽然理想的情况是有一片可以当作花园的土地，但是也可以使用木盒和其他容器。想一想，围绕特定的主题来规划花园或花园的一部分，比如字母花园、比萨花园，或者麦格雷戈先生的花园[1]。虽然种植水果和蔬菜可以帮助孩子们将我们吃的食物与大自然联系起来，但是你也可以种植花朵，这样便可以与社区中的其他人一起共赏美丽的鲜花。

与孩子一起做园艺的另一个好处是，这可能是让孩子们为共同利益做出贡献的一种有效方式。对共同利益的关心使我们走出自身利益，去考虑他人以及我们该如何帮助他人。例如，创设蝴蝶花园和野花花园，通过

---

[1] 出自《彼得兔》(*Peter Rabbit*)的故事。——译者注

为野生生物提供栖息地，为社区增添美丽，从而为共同利益做出贡献。

幼儿天生好奇，想尽可能地了解周围的世界。在自然界中，他们将发现无穷无尽的观察、探索和体验的机会。你可以通过成为孩子的伙伴和向导，和他们一起外出探索自然的奥妙来支持这种自然的学习方式。

种植豌豆

在美国的大部分地区，人们在早春时种植糖荚豌豆。虽然豌豆可能不是孩子们最喜欢的食物，但自己种植豌豆往往会增强他们品尝的兴趣。实际上，许多幼儿都会在初尝之后喜欢上早春豌豆的清脆口感和甜甜的味道。

主要目标

孩子们将深刻地认识到，植物是食物的来源。

材料

新鲜的豌豆或者干豌豆[1]
种植容器或苗床
盆栽土
水

你能做什么

（1）霜冻的危险一过去，就可以种植豌豆了。在土里挖手指大小的洞，深度大约1英寸[2]，间距2英寸。

（2）让孩子们在每个洞里放一颗豌豆。

---

[1] 如果你使用的是干豌豆，在种植前先把它们在水中浸泡24小时。——译者注

[2] 1英寸=2.54厘米。——译者注

（3）用土壤覆盖豌豆并浇水。之后，几乎每天都要浇水以保持土壤湿润。

（4）几个星期后，寻找将要出土的幼苗。

（5）植物再长大一些，就会开花，长出豌豆。

其他建议

- 展示带有顶部、根部或藤蔓的不同蔬菜。例如，展示带有顶部的胡萝卜和芹菜、带有根部和顶部的大葱，还有藤蔓上的西红柿。和孩子们讨论这些蔬菜是如何生长的——在地面上，还是地下？成串地生长？等等。让孩子们一起清洗蔬菜，教师用其中的一些蔬菜做出简单的菜肴，作为孩子们的午餐或零食。
- 阅读《石头汤》(*Stone Soup*)（任何版本），并根据故事情节进行角色扮演。
- 参观农贸市场，和农民聊一聊他们是如何种植和收获食物的。

第 4 章

在室内外的连通中亲近自然

把户外活动带进来

不幸的是，我们已经习惯将室内和室外视为两个截然不同的环境。很多情况下，在这两者之间竖起的墙不仅是心理上的，也是身体上的。在促进儿童亲近自然的过程中，尽可能地减少这些墙壁，并努力将这两种环境结合起来，将大有裨益。户外应该是游戏和学习环境中不可或缺的一部分，因此应该花费与室内同样的时间和精力来开发和利用户外环境。

可以把泥土和其他自然材料带入室内，把书籍和艺术材料搬到室外，从而整合室内和室外两种环境；也可以在室内种植花园，在室外准备食物；还可以运用自然材料装饰房间，摆放描绘自然的图画。此外，可以将自然作为学习区和小组活动的主题，通过回收利用实践环境管理。或者，邀请社区成员进入课堂，分享他们与自然有关的趣事。

充分利用窗户提供的光线和自然景观。除了要保持敞开窗帘和百叶窗，还要避免窗台上的物品或房间内的家具挡住窗户。开阔的视野将有助于儿童观察教室外的天空、天气和动植物。

许多在户外使用的自然材料，如开放性材料，可以将它们带进教室里操作。可以将贝壳、石头和棍子埋在沙盘中，或者用它们丰富橡皮泥活动。树叶、种子和松果可以漂浮在水中，也可作为艺术材料。各种自然材料都可以用来分类、计数，也可以用作戏剧表演的道具。以下是将户外活动融入课堂活动的一些建议。

室内自然游戏

焦点	自然材料	可能的游戏活动
建构	小树枝、小木棍、沙子、泥土	用玩具车在大托盘或箱盖上建造一个村庄
角色游戏	种子、树叶、水	制作"汤"或"茶"
艺术	橡子帽、玉米棒、松枝	使用颜料制作印花
数学	幼苗、泥土、沙子、种子	将沙子或泥土倒入三明治袋中称重；种子按大小分类
科学	小树枝、树叶、干草	在鞋盒或鞋盒盖上筑巢

每个社区都有一些人，他们的兴趣与自然环境息息相关，可以邀请他们与儿童分享他们与自然有关的活动。你最好让探访者和儿童都为探访活动做好准备，并向探访者说明活动的目的，如果需要，还可以提供一些关于如何让儿童积极参与活动的建议。但最好不要让探访者在儿童面前发表演讲，因为这对儿童来说根本不起作用。

你可以给儿童讲一些探访者及其与自然有关的趣事，让儿童为活动做好准备。你也可以帮助儿童想一想，他们可能想询问探访者的问题。

在选择探访者时，不要局限于护林员或者自然学家。公园的工作人员也很适合来到教室和儿童分享，因为他们一般都很渴望与他人分享自然知识以及自己对大自然的热爱之情。但是除此之外，也不要忽略其他行业的人，例如：

- 兽医
- 地质学家
- 动物园饲养员或者驯兽师
- 园林设计师
- 农民
- 自然摄影师
- 园丁
- 关注自然的作家和艺术家
- 植物学家

儿童除了受益于自然活动，也会受益于定期投放的与自然有关的书籍和其他信息资料。儿童可以学习使用参考书来识别他们在户外看到的各种动物、植物、岩石和天气。虽然市面上已经出版了一些儿童指导手册，但是你也可以根据当地环境制作属于自己的指导手册。当然，让儿童参与制作指导手册对他们来说同样十分有益。你可以拍一些照片，儿童可以画一些插图。然后，你可以将这些放在一个简易的笔记本里，添加简单的文字信息，也许还可以添加一些注释，说明每个图片中的活动发生的时间和地点。

卡通角色和虚幻的人物经常被用来装饰儿童早期教育教室。虽然儿童可能会在短时间内喜欢它们，成人也可能觉得它们很可爱，但这样的装饰很少能让儿童一直感兴趣，而且教育价值有限。绘有自然栖息地和动物的海报更有趣，也更有教育意义。除了使用展现自然界的图画外，你也可以用真实的自然材料装饰教室，例如石头、树枝、鲜花、树叶、盆栽，等等。有时，你可能还想在教室里创设一些以自然为主题的临时环境。例如，你可以用房间角落里的一个大盒子做狐狸窝或鹰巢。在创造以自然为主题的环境的过程中，要让儿童参与进来，并尽可能多地使用自然材料。

也许,你可以在游戏材料中添加各种各样的动物玩偶和动物服装,鼓励儿童扮演寻找食物和筑巢的动物。同时,鼓励儿童模仿动物的声音进行交流,并像动物一样行走。

教室里的动物

除了绘有动物及其自然栖息地的海报外,还可以把活体动物作为课堂环境的一部分。在教室里长期喂养一个或多个宠物的同时，也可以短期喂养其他动物，比如昆虫、蜘蛛、蚯蚓和蜗牛。从自然栖息地捕捉动物进行近距离观察，这对幼儿来说是一次宝贵的学习经历。然而，在这个过程中要遵守一些规则，以保证儿童的安全和动物的健康，并明确儿童将从中获得的学习。

- 选择一些小动物，比如蚯蚓和小鱼，而不是鸭子和大鱼。
- 只选择在圈养中可以存活的动物。
- 选择可以在室内复制它们的栖息地的动物。
- 选择一位了解动物需求的护理员。
- 只喂养一小段时间（大约一周），然后将其放回自然栖息地。

教室里的植物

植物也可以成为教室中的一部分，除了不同类型的盆栽植物，还可以种植一些草本植物。鲜花虽然是暂时性的，但它可以在被用于教授生态课程的同时，为教室增添美感和多样性。此外，把枯萎的花放到堆肥堆中有助于儿童了解植物的分解过程及其生命周期。

记录和描述与自然相关的经历

一个能够拓展和加深儿童对自然界的理解的方法是，帮助他们记录或描述他们的经历和发现，如书面叙述、绘画、图表。虽然制作图表通常被认为是适用于高年级学生的一项科学或数学活动，但是它也是学龄前儿童和小学生能够理解的一种沟通方式。

陆地蜗牛

陆地蜗牛生活在陆地上，但它们更喜欢潮湿的地方。它们很容易喂养，在乡下的很多地方都可以找到它们，如家里的院子、花园或树林中，通常也可以在宠物店里买到。在一个干净的玻璃容器或塑料容器中养一些蜗牛，有助于儿童观察蜗牛的爬行、进食、生长和繁殖。

陆地蜗牛有坚硬的外壳，可以保护自己不受捕食者的伤害，同时也为自己提供了隐蔽的空间来度过空气干燥的时间。大多数蜗牛是依靠自身产生的黏液层滑行移动的。把它们捡起来的时候，要把它们滑动到平面的边缘处，而不是直接把它们从平面上剥下来。

主要目标

儿童将更加了解，生物如何拥有基本的生存需求。

材料

白垩岩或碎蛋壳

透明塑料容器或玻璃容器

水果或蔬菜

陆地蜗牛

树叶

蚊帐或硬纸板

纸巾

水

你能做什么

（1）在一个小玻璃容器里准备一个陆地蜗牛栖息地。虽然几乎可以使用任何透明的容器，但最好使用小型的养殖容器。另外，可以用湿润的纸巾铺在容器的底部，然后再放上一些散叶。

（2）和儿童讨论你正在做的栖息地。向他们解释，所有生物都需要合适的栖息地才能生存，栖息地为生物提供食物、庇护所、空气和水。

（3）在玻璃容器中放入一些蜗牛，再添加一些给蜗牛吃的小块水果和蔬菜。定期加一些白垩岩或碎蛋壳来给蜗牛增加钙质，因为蜗牛需要增强外壳的硬度来帮助它们成长。每隔几天就要在容器的边缘上喷水雾，以保持湿润。

（4）在玻璃容器上盖上盖子，防止蜗牛逃跑。如果有蚊帐，那么效果会更好，因为它不仅能让蜗牛呼吸，还能把小昆虫挡在外面。也可以用塑料或纸板盖，但需要在上面打洞，以保持空气的流通。

（5）每周至少清理一次容器。扔掉所有剩余的食物和垃圾，用湿纸巾或布清洁容器的底部和边缘，再放一些干净的叶子和新鲜的食物。

（6）洗干净手。让儿童在拿过蜗牛或清理完容器之后洗手。

（7）蜗牛的休眠被称为"夏眠"。在几周或几天的时间里停止为蜗牛提供食物和水，这对蜗牛无害。在干燥且没有食物的环境里，蜗牛会进入长期的休眠状态。

其他建议

- 通过观察，用文字和图表的形式将蜗牛的日常记录下来，包括它们吃什么、吃多少、在哪里停留的时间多、什么时候最活跃。
- 阅读朱迪·艾伦（Judy Allen）的《你是一只蜗牛吗？》（*Are You a Snail?*），让儿童表演书中的部分内容。

植物的根茎

有些儿童可能认为,植物不是生物。在他们的观念里,生物都会动,会吃东西,但是他们没有看到植物有这些行为。虽然植物没有"嘴巴"来吃喝,但它们确实需要食物和水来维持生命。对于大多数植物来说,根茎在获取它们生存所需的营养物质方面发挥重要的作用。

主要目标

儿童将了解,植物的根茎如何帮助植物存活。

材料

透明塑料杯子
草的种子
记号笔
海报纸
盆栽土
水

你能做什么

(1) 把草的种子种在透明的塑料杯中。首先把盆栽土放进杯子里,然后在每个杯子中放入一些种子,润湿泥土,保持土壤湿润,直到种子发芽。
(2) 一旦种子发芽,就能看到生长在泥土里的根茎。
(3) 让儿童参与关于植物的实验。先从杯子中移植一些幼苗到标记"有根"的大盆里。在移植幼苗的过程中,让儿童要非常小心,以免损伤幼苗的根部。
(4) 从杯子里取出一些其他植物的幼苗,掐掉植物的根茎,把它们移植到一个标记"无根"的大盆中。
(5) 保持两个盆里的土壤湿润,观察植物的变化。

（6）让儿童写一份实验报告，将步骤和观察结果记录在一张大大的海报纸上。
- » 我们播种种子。
- » 种子萌芽，长成有根茎的幼苗。
- » 我们种一些有根茎的幼苗。
- » 我们种一些没有根茎的幼苗。
- » 没有根茎的幼苗死了。
- » 有根茎的幼苗活了下来。

（7）让儿童说一说，为什么对于大部分的植物来说，根茎很重要。他们或许会说，"根茎可以维持植物的生命"，或许说"植物会通过根茎获取食物和水分"。

（8）为每名儿童提供一张用一条线分成两部分的纸张。让他们在纸的上半部分画有根茎的幼苗的变化，然后在纸的下半部分画没有根茎的幼苗的变化。

其他建议

用幼苗做另一个实验。用三个有着同种植物的不同盆栽，给其中一盆栽浇大量的水，给另一个盆栽只提供保持其土壤湿润的足量水分，不给后一个盆栽浇水。随着时间的推移，观察植物的变化，并与儿童一起完成实验报告。

植物生长

绘制两种不同植物的生长曲线,是一个能够很好地阐释数学和科学如何相互联系的例子。这项活动涉及的基本数学概念,即测量和比较,在科学中被称为"处理技能"。这项活动不仅可以促进儿童早期数学和科学学习目标的实现,也有助于激发儿童对植物的兴趣,培养他们的好奇心。

主要目标

通过参与测量、比较和记录两种不同植物的生长,儿童将成为更好的植物观察者。

材料

两种不同大小的球茎花卉,例如雪白水仙和朱顶红
记号笔
鹅卵石或大理石
《植物生长报告表》
浅口的盘子
水

你能做什么

(1)给儿童展示两种不同的球茎花卉,比如雪白水仙和朱顶红。让儿童仔细地观察球茎,用一两个词语形容他们看到了什么。

(2)向儿童解释,有些植物从种子中长出,而有些植物从球茎中长出。

(3)让儿童比较两个球茎的大小,确定哪个更大。询问:"你认为较大的球茎会变成更大的植株吗?"给他们时间说出自己的想法,并向他们解释,他们关于植株的猜测通常被称作"假设"。

(4)开始制作一份植物生长报告,记录认同"大球茎会长出大植株"这一假设的儿童人数和不同意这一假设的儿童人数。

（5）把球茎放在一个浅盘里，用鹅卵石或者大理石来固定它们。在浅盘中倒入适量的水来覆盖球茎，但不要超过球茎底部的1/3。
（6）在《植物生长报告表》上记录每株植物的生长情况。
（7）在每株植物开花之后，通过观察、测量和比较，记录你的发现，完成报告。

植物生长报告表

天数	植物一		植物二		观察结果
	高度	观察值	高度	观察值	
1					
2					
3					
4					
5					
6					
7					
8					
9					
10					
11					
12					
13					
14					

数学活动[1]

一名儿童捡起一颗又一颗小鹅卵石,把它们排成一行放在海边的长椅上;另一名儿童捡起一片掉在地上的叶子,拿给教师看。那么,我们如何利用这些机会帮助儿童进行数学思考呢?

对于儿童来说,数学就是学习用数字和数量进行定量思考。这在很早就开始了,例如:儿童知道他们有两只眼睛,一个鼻子;他们知道自己穿两只鞋,戴一顶帽子。作为数学教师,我们的任务是通过帮助儿童学习计数和培养数感来促使他们形成对数量的早期理解。

[1] 这部分由格温德琳·约翰逊博士撰写。——原书注

数学也包括学习思考和谈论物体的形状,这是一种最终让儿童获得几何学知识的技能。幼儿可以从描述物体为"扁的"或"弧形的"或"弯曲的"或"尖的"来思考形状,也可以从辨别像正方形、长方形、圆形和三角形的物体开始。这些技能与儿童学习仔细观察物体的异同密切相关。

利用大自然或自然材料可以增加数学活动的趣味,因为大自然的丰富性和多样性有助于激发儿童的学习动机。可以使用自然材料教授学前阶段中重要的数学概念,如数量、形状和大小。大自然是教授与学习数学概念的有效资源。

来分类吧

分类在数学中十分常见,例如,将数字分为偶数或奇数。将物体分组,鼓励儿童思考物体之间的异同。

主要目标

儿童将通过把物体分组发展其分类技能。

材料

10~20件同类物品,如鲜花、石头或树叶;关于分类的书籍,如亨利·阿瑟·普拉克罗斯(Henry Arthur Pluckrose)的《分类》(Sorting)或特雷西·斯特福拉(Tracey Steffora)的《市场里的商品分类》(Sorting at the Market)。

你能做什么

(1)给儿童读一本关于分类的书籍,比如亨利·阿瑟·普拉克罗斯的《分类》或特雷西·斯特福拉的《市场里的商品分类》。

(2)给儿童提供10~20件可以用来分类的自然材料,例如:不同颜色或形状的叶子、不同种类或颜色的花、不同大小的鹅卵石和石头，等等。
（3）让儿童注意自然材料之间的差异。儿童可能会注意到它们的大小、形状、颜色或质地。我们要接受儿童的所有答案，最好鼓励儿童关注自然材料更易于用来分类的属性。
（4）帮助儿童把自然材料分成两堆或三堆。通过提问的方式，鼓励他们说一说，他们是如何对这些自然材料进行分类的，例如，"你能跟我说说这堆自然材料吗？"

其他建议

帮助儿童注意到，事物可以被分成不同的类别，比如"蓝色的事物"和"扁平的事物"，这可以通过玩"视觉大发现"游戏实现。例如，教师说："我发现了一些蓝色的东西。"然后，鼓励儿童注意蓝色的事物。通过注意事物之间的相同之处，儿童就可以对其进行分类，而不需要将事物移成一堆或一组。

哪一组更多

在儿童学会计数之前，他们就能分辨出两组中哪一组的事物更多。想知道哪一组更多，有助于儿童认识到计数的作用。

主要目标

儿童将通过比较数量关系或使用其他方法来深化他们对"更多"的理解。

材料

10~20件同类事物，比如花、石头或叶子；关于"多"和"少"概念的书籍，比如塔娜·霍本（Tana Hoban）的《更多，更少》(*More, Fewer, Less*)。

你能做什么

（1）用一本带插图的图书帮助儿童思考"多"和"少"的概念，比如塔娜·霍本的《更多，更少》。

（2）使用"来分类吧"中的自然材料，让儿童注意哪一组多，哪一组少。

（3）在不删减或添加任何自然材料的情况下，重新排列自然材料，使每组的自然材料排成一行，而不是一堆。然后，再询问儿童"哪一组的自然材料更多"和"哪一组的自然材料更少"。重新排列可以帮助儿童学习守恒的概念，即自然材料的摆放方式不会影响它们的数量。例如，一行 10 颗橡子的数量等于一堆 10 颗橡子的数量。

其他建议

刚开始用自然材料询问儿童"哪组更多"或"哪组更少"时，自然材料最好不超过 5 个，这有助于儿童在不计数的情况下确定哪一组更多。然后，再逐渐增加每组自然材料的数量。但是一旦每组的自然材料超过 10 个，儿童就很有可能需要数一数才能确定哪一组更多。

探索"更多"（more）

"更多"在数学中指的是更大的数字，如"9 比 5 大"。然而，在日常生活中，"更多"也可以指单个事物的大小，例如，一块大蛋糕比一块小蛋糕大。这项活动将帮助儿童理解"更多"这一概念的数学意义。

主要目标

儿童将使用计数技能来进一步加深他们对"更多"这一概念的理解，而不仅仅认为"更多"就是"哪个更大"的意思。

材料

大小不一的事物，如石头和鹅卵石

你能做什么

（1）一旦儿童习惯了根据事物的数量来计算和比较，那么就让他们对一个大的事物，比如一块大石头，和一个小的事物，比如一堆鹅卵石或橡子进行比较。许多儿童会说，大的事物"更多"，因为它更大。

（2）让儿童数一数每组事物的数量。

（3）再一次询问儿童，哪一组的事物更多。帮助儿童得出这样的结论："这一组有一块石头，那一组有 7 块鹅卵石。鹅卵石比石头多。"这项活动将帮助儿童超越他们之前对"更多"这一概念的理解——更大的事物，其数量更多。依靠计数而不是眼睛，需要他们运用一些抽象的逻辑思维。

其他建议

放一堆物品，让儿童放与之相比更多、同量或更少的事物。例如，你可以说："我有 6 片绿叶。你能给我数量少于 6 片叶子的事物吗？"

哪 个 更 长

测量是每个受教育阶段中数学学科的重要组成部分。帮助儿童了解学前阶段中测量的概念，有助于他们为更复杂的测量概念和小学活动做准备。将测量对象放在一起进行比较的方法被称为"直接比较法"。这种测量不需要任何单位，如"英寸"或"厘米"。

主要目标

向儿童介绍"更长"和"更短"这两个概念。

材料

各种不同长度的材料

你能做什么

（1）收集几个不同长度的自然材料。这些材料的长度要比宽度长得多，这将帮助儿童关注材料的长度，而不是其整体的大小。

（2）和儿童讨论这些材料是什么，以及它们在哪里被发现的。

（3）让儿童观察材料。例如，他们可能会说树枝是粗糙的，或者羽毛是柔软或光滑的。

（4）把两个材料放在一起，问儿童哪个材料更长。向儿童展示将材料对齐的技巧，以便精确地比较材料的长度。

（5）当儿童理解了两个材料中哪个更长或哪个更短时，让他们比较三个或更多的材料。

其他建议

- 测量弯曲材料的长度时，可以在材料旁边放一条纱线，然后将纱线裁剪成与材料等长的长度。通过比较纱线的长度来比较弯曲材料的长度。儿童喜欢估计两个弯曲材料中哪个更长，然后通过测量确定他们的猜测是否正确。

- 给儿童提供一些盘绕着的蛇的照片和其他没有盘绕着的蛇的照片，和儿童讨论蛇的长度。儿童可能没有意识到，不管是盘绕的，还是展开的，事物的长度都是不变的，卷一段纱线向儿童证明这个事实。让儿童画蛇并讨论蛇的长度。

哪个更大

运用诸如硬币之类的日常物品进行直接测量的方法,被称为"非正式测量"。

主要目标

在儿童比较树叶的大小时,向他们介绍非正式测量。

材料

大小不一的扁平叶子
硬币

你能做什么

(1)给儿童提供两片或更多的树叶,也可以让他们自己从户外收集。
(2)和儿童讨论树叶,询问他们树叶的颜色、形状、大小以及树叶被发现的地点。
(3)让儿童比较两片或两片以上叶子的大小。"你觉得哪个更大?"让他们使用"更长""更短""更宽"等词语。
(4)告诉儿童,我们可以通过用硬币盖住叶子来找出哪片叶子更大,然后帮助儿童用硬币盖好每片叶子。
(5)帮助儿童数一数每片叶子上硬币的数量,从而确定哪一片叶子更大。

其他建议

- 各种各样的物品,如回形针和谷物,都可以作为儿童探索非正式测量的工具。让儿童用几种不同类型的物品来探索非正式测量。
- 阅读关于大小的儿童读物,比如布丽塔·泰克登(Britta Teckentrup)的《大和小》(*Big and Small*),或者博比·卡尔曼(Bobbie Kalman)的《大还是小?》(*Is It Big or Small?*)。

它是一半吗

对于儿童和成人来说,分数都是难以被理解的!你可以运用那些被大致分成两半的物品来帮助儿童理解"一半"的含义。有兄弟姐妹的儿童,也许在他们被要求与兄弟姐妹分享食物或其他物品时,就被告知了"一半"的概念。

主要目标

向儿童介绍或者让儿童更加熟悉"部分"和"一半"这两个词语,并让他们开始理解诸如"大约"之类的估算词语。

材料

蜡笔
纸
杂色的叶子或石头

你能做什么

(1)从自然界中寻找有不同纹理或颜色的物品,例如有多种颜色的叶子或者有不止一种纹理的石头。

(2)与儿童讨论物品,适当地使用"部分"这个词语,如"这片叶子一部分是绿的,一部分是红的"。如果其中一个物品被两种颜色大约各占一半,那么就介绍"一半"这个词语,并解释它表示两部分大小大约相同的意思。

(3)让儿童画一朵花、一棵树、一片树叶、一块石头或类似的物品,让物品的一部分是一种颜色,另一部分是另一种颜色,或者让他们把物品的一半涂成一种颜色,另一半涂成另一种颜色。

其他建议

阅读一些以"一半"为主题的儿童书籍,比如谢尔·希尔弗斯坦的《一只加长十分之五的长颈鹿》(*A Giraffe and A Half*)。与儿童讨论书中提到的"一半"的含义。

大自然为我们提供了复杂而刺激的环境,在这个环境中,儿童可以拓展他们对数字和形状的思考。你可以通过帮助儿童学会数周围物品的数量、根据物品的异同对物品进行分类,并使用日常语言和几何学语言描述形状来促进他们的数学能力的发展。

第5章

在语言、读写和艺术活动中亲近自然

故事和诗歌

与儿童分享故事和诗歌是发展他们的语言和早期读写能力的很好的方法,也可用于增进儿童对自然界的理解,培养他们的积极态度。许多幼儿都听过《大灰狼》的故事,也许认为狼是卑鄙和危险的。幸运的是,有些书针对狼和其他在儿童文学中被歪曲的自然事物提供了更积极的、准确的观点。提供有关自然界的正面信息的书籍,有时被称为"亲自然类书籍"。

亲自然类书籍通常符合以下一个或多个标准。

- 表明自然不仅仅是人们可利用的资源——也是奇迹的来源,应该受到尊重。
- 准确描绘自然及其运作方式。
- 包括有关如何以关怀的方式亲近自然的建议。

在查找含有亲自然信息的儿童书籍中,你也许会发现以下有益资源。

除了小说和纪实类书籍外,聚焦于自然的诗歌也可用于帮助儿童亲近自然。聚焦于自然的诗歌以自然的某些方面为主题,经常引起人们对大自然神奇之处的哲学思考。《谁曾见过风？》（Who Has Seen the Wind?）是由克里斯蒂娜·罗塞蒂（Christina Rossetti）写的一首聚焦于自然的诗歌。

谁曾见过风？
我和你都没有。
但是当树叶在枝头颤抖，
那是风正吹过。

谁曾见过风？
你和我都没有。
但是当树木低头，
那是风正路过。

　　从这首诗中，儿童可能会更深刻地理解和欣赏风，更喜欢观察自然现象，更欣赏诗意的表达方式，这有助于儿童语言和早期读写能力的发展。

　　自然界提供了令人难以置信的丰富的感官体验——从照耀我们皮肤的阳光的温暖到新鲜草莓的甘甜。诗歌往往比其他形式的语言能更有效地抓住这些体验的本质。诗歌还能够以一种几近神奇的方式，提出新的想法或看待事物的角度。例如，这首《谁曾见过风？》，描述了叶子颤抖和树木低头。虽然这些叶子和树木的意象对幼儿来说可能是新鲜的，但他们很容易超越文字，将自然中的事物想象成与人类一样拥有感受和行为。当幼儿扮演动物或自然中的其他角色时，我们经常会在自然游戏中看到这些。

　　绘本有时被写成诗歌，用以培养幼儿诗意的思维。一些带有诗意的内容且聚焦于自然的绘本，如小比尔·马丁（Bill Martin Jr.）和迈克尔·桑普森（Michael Sampson）的《我爱我们的地球》（I Love Our Earth）

以及伊芙·邦廷（Eve Bunting）的《花园》（*Flower Garden*）。有些绘本虽然没有写成诗，但仍然呈现出诗意的意象。幼儿最喜爱的几本具有明确的环境主题的绘本，包括拜尔德·贝勒的《不一样的倾听》（*The Other Way to Listen*）和希拉·哈马纳卡（Sheila Hamanaka）的《地球的所有色彩》（*All the Colors of the Earth*）。

和风一起玩耍

我们经常说，儿童在实践中学习，他们需要操作材料来建构他们对周围世界的理解。但仅仅肢体操作是不够的，儿童既需要动手，也需要动脑，而且在认知自然及其运作方式时尤其如此。例如，儿童可以体验或观察重力、浮力和风等现象，但他们运用肢体进行操作的能力非常有限。为了真正欣赏和理解这些现象，儿童需要在精神上关注这些概念。我们可以通过指导活动并配合哲学讨论来帮助他们做到这一点。

《谁曾见过风？》这首诗可以作为与儿童进行哲学讨论的引导语。大多数儿童都知道，风可以让树枝移动，旗帜飘动，但他们可能从来没有想过，他们其实不能真正看到风，只能看到风的作用。儿童由此展开的哲学讨论，将有助于推进他们动脑思考，并建构自己对世界的理解。

主要目标

儿童将就真实存在但无法被看到的事物展开哲学讨论。

材料

克里斯蒂娜·罗塞蒂的《谁曾见过风？》的副本
刮风日

你能做什么

（1）在刮风的日子带儿童到户外。让他们四处看看，并让他们列出自己看到的树木、汽车、草地、云彩、树叶等。
（2）让儿童描述他们注意到并列出的事物，鼓励他们进一步讨论。让他们专注于被风吹动的事物，如询问："你注意到大树发生了什么吗？树枝呢？叶子呢？"
（3）询问："如果自己成为树叶或大树会是什么感觉呢？"鼓励儿童进行深入的讨论。
（4）在刮风的日子里，请儿童像树叶或树枝一样移动。鼓励他们使用自己的胳膊、腿、手、脚以及他们的整个身体来展示被风吹动的感觉。
（5）让儿童闭着眼睛坐下或躺在地上，同时想一想风。几分钟后，邀请儿童分享他们与风有关的想法和感受。
（6）分享克里斯蒂娜·罗塞蒂的《谁曾见过风？》。再次诵读或背诵这首诗，然后询问："谁见过风？"到现在为止，有些儿童可能已经准备好说"不是我，也不是你"。如果没有，请再次诵读这首诗并记录其中表达风不能被看到的诗句。
（7）询问："如果我们看不到风，那么我们怎么知道它的存在呢？"
（8）让儿童列举其他真实存在但无法被看到的事物，例如铃声、气球中的空气，或者我们饥饿时的感觉。

地方教育

让儿童亲近自然更多指的是让他们进入自己家的后院和社区中的自然区域,而不是远方的大自然。我们希望儿童认为自然真实存在,且与他们个人的生活息息相关。地方教育(place-based education,缩写为PBE)强调让儿童融入他们正在学习的实际环境中。地方教育也注重场所感,在这种情况下使用时,"地方"不仅仅意味着地理位置,还包括躲藏、探索、改变、与自然界的直接接触,以及那些值得纪念的时刻。专门为儿童设计的自然游戏空间旨在让儿童拥有这些经验,从而促进地方教育目标的实现。

寻 宝 行 动

精心策划的寻宝行动可以吸引儿童近距离地观察当地的环境。提前与儿童聊一聊可以帮助他们了解，不同的地方有不同的环境。

主要目标

儿童将在当地环境中产生场所感。

材料

索引卡
记号笔
星星贴纸

你能做什么

（1）提前做好准备，确保儿童在寻宝时可以找到 8 个不同的户外自然材料，如：
- 有 3 个点的树叶
- 树干上长满苔藓的树
- 动物足迹
- 羽毛
- 蜘蛛网
- 种子荚
- 湿草
- 被吃掉了一部分的叶子
- 蚂蚁

（2）告诉儿童，他们将进行寻宝行动。解释寻宝行动是让他们寻找列表中特定事物的游戏，寻宝行动清单上的所有自然材料都可以在户外被找到，并解释自然材料和非自然材料之间的区别。

（3）将儿童分成 3~4 人一组。以当地动物的名字为每组命名，例如"鹰""猫头鹰""狐狸"或"郊狼"。让小组中的一个孩子拿着带有他们小组动物名字的卡片。

（4）和儿童一起外出，并向他们解释，他们在搜索过程中需要遵守当地的规则。

（5）告诉儿童，寻宝行动列表上有 8 种不同的自然材料，但他们一次只能找一种材料。告诉他们，你会喊出要找的材料的名称，当他们找到它时就举手。每当他们找到一种材料，教师就在他们小组卡片的背面贴一颗星星。

其他建议

- 在院子里玩以自然材料为主题的"视觉大发现"游戏。
- 让儿童参与制作带有当地自然材料名称的字母书或字母表。你可以将这个活动延长几天或几周，以便给儿童足够的时间增加他们的建议。他们甚至可能想向家人寻求建议。
- 在自己家的后院阅读一些关于自然的儿童书籍，例如，瓦拉里·乔格斯（Valarie Giogas）的《在我的后院里》（*In My Backyard*）和玛格丽特·鲁尔斯（Margariet Ruurs）的《在我的后院》（*In My Backyard*）。

运用地方故事促进儿童与当地环境的积极联系，因为地方故事往往采用当地的背景和角色。虽然专门聚焦于儿童居住环境的书籍还不多，但一些富有创造力的教师正在开发他们当地的故事，有时还会让儿童参与其中。

你也可以这样做。首先，选择一种当地的动物，将其作为主角或故事中的重要角色来展开故事，既可以是富有想象力的故事，包含奇幻的角色，也可以是具有教育性的故事，包含有关动物及其栖息地的现实资料。奇幻故事可能是传说或民间故事，解释大自然中的某些事物是如何形成的。例如，印第安人的传说讲述了乌龟如何得到它的外壳以及夏天和冬天是如何形成的。另外，艾瑞·卡尔的一些书也更具有教育性，比如《爱生气的瓢虫》（*The Grouchy Lady Bug*）和《好饿的毛毛虫》（*The Very Hungry Caterpillar*）。

创编地方故事的另一种方法是，关注当地自然环境中自己认为特别的地方。你可以从分享自己小时候的一个特别的地方开始，比如树林里的"秘密基地"、钓鱼的小溪或池塘，或者经常玩的树屋。你可以和儿童交流你喜欢这个地方的原因，以及什么使它变得特别。

在分享地方故事时，你不仅想要讲故事，还会想让它变得生动，让儿童参与其中，而非一直坐在椅子上。可以改变说话的节奏，并使用肢体语言和道具。四处走走，想办法让儿童参与进来。当你讲故事的时候，他们可能会表演出故事的某些情节，可能会重复对话，也可能会发出某些声音并回答问题。

在分享故事之后，你可以鼓励儿童描述他们认为特别的地方，并使用一些指导性问题来帮助他们完成整个过程：

- 你认为特别的地方是什么样的？
- 它听起来像什么？
- 你喜欢在你认为特别的地方做什么？
- 是什么让它与众不同？

你也可以为他们提供讲故事时所需的道具，或让儿童绘制他们认为特别的地方的图片，突出它们最重要的特征。

另一个创编地方故事的方法是，在社区的自然区域中散步。这一区域可能是公园、溪流，或树木繁茂的地方。花一些时间思考这个区域的自然特征。你可能希望在儿童分享他们的观察时做笔记。如果儿童足够大，他们也可能会记笔记或画画。而且，指导性问题可以帮助他们完成这个过程：

- 哪些动物住在这里？
- 它们的需求如何满足？
- 它们吃什么？
- 它们如何受到保护？
- 哪些植物在这里生长？
- 那里还有树吗？
- 它们有多大？
- 它们越长越近吗？
- 有没有幼苗？
- 有没有大树死了？
- 这是一个阳光充足的地方，还是一个阴凉的地方？
- 下雨时，水流向哪里？
- 水会渗入地下还是流到其他地方？
- 这里的地面是硬的，还是软的？
- 地面是沙质的，还是更像黏土？
- 这里的自然物是如何相互联系的？

回到教室，可以让儿童画一画自然区域。如果他们足够大，你可以让儿童绘制一张区域地图，指出该地区中某些主要特征的位置。你还可以让儿童制作一幅大型壁画，突出他们最喜欢的地方。

自然日记

一种让儿童对自然产生兴趣,并有助于提高儿童观察能力的方法是,让儿童制作自然笔记本或记自然日记。自然日记是对自己在自然界中的所见所闻的记录。持续地记自然日记可以帮助儿童慢下来,真正地关注他们周围的世界。当他们记录自己的观察和感受时,儿童将更能够意识到,自然是什么,自然对他们而言意味着什么。

音乐活动

音乐有一种近乎神奇的魔力,有助于激励幼儿学习和关心大自然。可以通过多种方法使用音乐加强儿童与自然之间的联系。你可以从帮助儿童聆听鸟类、昆虫、风和雨的悦耳声音开始,让他们画出他们听到的声音。

另一种使用音乐加强儿童与自然之间的联系的方法是,使用自然材料制作乐器。制作一个沙铃,你需要有盖子的容器,例如咖啡罐、塑料罐或纸板圆筒,以及一些种子。每种容器都会发出独特的声音。如果容器没有盖子,你可以在其顶部贴一块纸板或其他坚固的材料。在你唱歌或播放音乐时,可以使用沙铃作为打击乐器。

我们当地的故事

有些儿童书籍的内容来自遥远的地方，描述外来的动物。虽然这些书有助于增进儿童对广大世界的认识，但地方故事可以增强儿童对当地环境的兴趣。

主要目标

通过有关当地动物的故事，增强儿童对当地自然环境的兴趣。

材料

当地动物的图片
道具（视故事而定）

你能做什么

（1）选择一种当地的动物。获取这种动物的图片和一些基本信息，例如，它在哪里筑巢、吃什么，以及它如何行动。
（2）撰写关于这种动物的虚构故事，并收集讲故事所需的道具，例如筑巢材料或食物的图片。
（3）介绍动物，然后使用道具讲故事。
（4）对动物以及它在故事中的行为进行评价。也可以通过暗示动物的其他习性，让儿童拓展故事。

其他建议

- 让儿童为你分享的故事画画，然后用他们的画结合文字叙述故事。
- 鼓励儿童选择一种当地的动物，让他们围绕这种动物创编故事。给他们时间收集道具，然后让他们分享故事。

制作自然笔记本

自然笔记本很容易制作，让儿童制作、装饰他们自己的自然笔记本将有助于增强他们的使用兴趣。

主要目标

通过制作和使用自己的自然笔记本，儿童将越来越对自然界感兴趣。

材料

卡片纸、薄纸板或马尼拉文件夹
打孔机
记号笔或蜡笔
纸
绑带

你能做什么

（1）给每名儿童 5~10 张已经打好孔用于装订的纸。另外，给每人两张卡片纸、薄纸板，或沿着折叠处剪成两半的马尼拉文件夹，也要预先打孔。卡片纸或纸板应比纸张大一些。

（2）使用卡片纸或纸板作封面和封底，向儿童展示，如何将笔记本组成一体，并帮助他们使用绑带将笔记本固定在一起。

（3）让儿童在他们的笔记本封面上画出自己最喜欢的自然物，并写下自己的名字。

（4）让儿童把笔记本带到户外，寻找一个他们认为特别的地方观察大自然。当他们静静地坐在那里时，让他们画一画或写一写他们的观察和感受。让他们只使用笔记本的一两页，这样他们就可以在别的日子使用其他页。

（5）多次带儿童到户外重游他们认为特别的地方。每次游玩，都要让他们在笔记本上多加一两页图画和笔记。

其他建议

- 和儿童一起记录来到院子里的鸟类喂食器中的鸟的数量和种类。
- 与儿童一起记录他们种植的种子或幼苗的生长情况。

音乐之声

唤起儿童对大自然音乐之声的关注是一种培养自然敏感性的方法。大多数儿童都熟悉鸟类的歌声,但他们可能没有注意到自然界中其他悦耳的声音。侧耳倾听,他们就会听到昆虫的嗡嗡声、小溪的潺潺声、树叶的沙沙声、雨点的滴答声。大自然中悦耳的声音既可以为儿童提供愉快的审美体验,又可以唤起他们的积极情绪。

主要目标

儿童将对大自然的音乐之声有更多的了解。

材料

罗杰斯(Rodgers)和哈默斯坦(Hammerstein)的《音乐之声》(The Sound of Music)的录音

你能做什么

(1)让儿童闭上眼睛,想象自己在阳光明媚的日子里走过丘陵遍布的地方。询问:"当你穿过这些山丘时,你认为你会看到什么?你会听到什么?你有什么样的感觉?"

(2)告诉儿童,曾经有人写过一首关于他们在大自然中听到的悦耳声音的歌曲,即《音乐之声》。告诉儿童,当你朗读歌曲中的文字时,他们要仔细聆听,同时,也要根据歌词的意思在脑海中描绘出画面。

(3)阅读这首歌曲的两段或更多内容,邀请儿童分享他们最喜欢的部分,然后画一画。

其他建议

- 让儿童观看电影《音乐之声》。
- 欣赏灵感来源于自然的音乐,如安东尼奥·维瓦尔第(Antonio Vivaldi)的《四季》(The Four Seasons)和乔治·弗里德里希·亨德尔（George Friderich Handel）的《水上音乐》（Water Music）。请儿童分享他们关于这类音乐的观点和感受，也让他们在欣赏这些音乐的时候，描绘出脑海中浮现的画面。
- 分享自然声音的录音。让儿童模仿一些大自然的声音。
- 与儿童分享关于聆听自然的书籍，比如保罗·肖沃斯（Paul Showers）的《边听边走》（The Listening Walk）和拜尔德·贝勒的《不一样的倾听》。

发明乐器

可以用木棍和石头制作各种各样的乐器，如鼓和拍板或鼓槌。只要受到一点点鼓励，儿童就会发现很多用自然材料制作乐器的方法。这是一个帮助儿童发现自然材料的独特性的好方法。

主要目标

通过使用自然材料制作乐器，儿童将更加熟悉自然材料的特性。

材料

各种各样的自然材料，如木棍、草和石头

你能做什么

（1）让儿童想办法用木棍、草、石头或其他自然材料制作乐器。在分享了一些想法之后，让儿童用不同的自然材料尝试制作自己的乐器。

（2）和儿童一起用乐器演奏或唱歌。

> **其他建议**
> - 演示如何用夹在大拇指之间的草叶做成哨子。
> - 演示如何用木棍在空心原木与非空心原木上敲出不同的声音。
> - 给儿童展示一些科奇蒂普韦布洛鼓[1]（Cochiti Pueblo drums）的照片。解释科奇蒂人的背景，以及他们使用自然材料制作鼓的方法。
> - 给儿童展示一些羊角号的图片，并解释它有时被用作小号。
> - 与自然环境有关的歌曲可以加强儿童与自然的联系。
>   - 帕蒂·施奈茨勒（Pattie Schnetzler）。2003年，《地球日的生日》（*Earth Day Birthday*）。美国加利福尼亚州内华达市：黎明出版社。
>   - 萨拉·威克斯（Sarah Weeks）。1994年，《鳄鱼的微笑：动物眼中的10首地球之歌》（*Crocodile Smile:10 Songs of the Earth as the Animals See It*）。纽约：学乐教育集团。

运动

在自然环境中开展的游戏包含大量的运动，如儿童挖土和沙子、搬运石头和水桶、拖运大树枝、爬木头、滚下山、伸手摘头顶树枝上的叶子。虽然儿童在进行户外活动时不需要鼓励，但给予他们一些建议和指导可以增强他们与自然的联系。你可以从关注自然物的运动开始，然后鼓励儿童进行模仿。例如，你可以和儿童一起观察鸟儿在天空中飞翔、水在岩石中流动，或蝴蝶在花间翩翩起舞。然后，建议儿童模仿他们在自然界中观察到的动作，跳一支属于他们的舞蹈。

你也可以鼓励儿童表演他们在自然界中看到的其他现象，如幼苗长成大树、蝴蝶破茧而出，或者小鸟从蛋中孵化。他们可以变成被风吹落

---

[1] 来自美国西南部印第安部落的一种鼓。——译者注

的树叶、院子里蹦蹦跳跳的兔子、雨伞上弹跳的雨滴,或者天空中飘动的云朵。

绘画、涂色和雕刻

鼓励儿童绘画、涂色和雕刻自然元素,这是一种让儿童把注意力集中于自然之美的有效方法。虽然传统材料可以用来创作艺术作品,但自然本身就提供了许多可以用于制作艺术工具的材料,例如:松树枝和麦秆可以被做成油漆刷,浆果和蒲公英可以代替蜡笔,玉米芯可以代替擀面杖擀开黏土。

你也可以将自然材料融入艺术作品中,例如:在拼贴画中使用树叶、种子和花瓣;在创建三维图形时,用玉米须和马利筋绒毛作头发;

用香蒲叶和常春藤编织；用木棍在泥土或沙子上设计图案。

儿童早期的绘画特征表现为在纸上乱画线条，这个阶段的儿童正在探索不同材料的用法。随着儿童年龄的增长，他们开始进行有目的的绘画，试图呈现物体、人物和事件。

在这个阶段，一种有助于儿童亲近自然的方法是，帮助他们注意并画出自然界中的一些小东西。例如，当儿童画一棵树或一只猫时，你可以鼓励他们在树皮或者猫的胡须上添加设计。

当儿童想要画出自己看到的事物时，他们就会开始注意并画出更多的细节。例如，他们会在木头上画出树叶或瓢虫。

戏剧

我们经常把"戏剧表演游戏"和"假装游戏"交替使用。对有些人来说，这可能意味着戏剧表演游戏和假装游戏是一回事，但其实它们也有一些区别。戏剧表演游戏更多是以预设的故事为基础的游戏，假装游戏的故事则随着儿童扮演的与自己不同的人或物而发展。戏剧表演游戏和假装游戏都有益于儿童，且都可以用来加深儿童与自然的联系。

运用戏剧表演游戏促进儿童亲近自然，可以让他们根据一本亲自然类图书表演一个故事，或者从一首与自然有关的诗中产生一个想法。儿童几乎可以扮演故事或诗歌中的任何角色——人、动物、植物，等等。服装和其他道具能为他们扮演的角色增光添彩。例如，在娜塔莉娅·罗曼诺娃（Natalia Romanova）的戏剧表演《曾经有一棵树》（Once There Was a Tree）中，儿童可以扮演那棵老树、伐木工，或动物——山雀、蜈蚣、蚂蚁、熊、青蛙和甲虫。个别儿童也可以扮演太阳、云、雨、雷或闪电。对于年龄较小的儿童，你可以一边讲故事，一边让他们表演；对于年龄较大的儿童，你可能会扮演"朗读者"兼"演员"——在其他人表演时，朗读者叙述故事。

空中起舞

有些鸟类,比如蜂鸟,具有很强的灵活性;其他的鸟类,比如鹰,已经完善了翱翔的艺术。几乎所有的鸟类,在它们利用气流和重力进行短距离移动时都会以某种形式滑翔,就像它们从一棵树到另一棵树,或从高处降到低处一样。滑翔对于鸟类来说不需要太多的努力,因为它们只需要展开翅膀,让气流带着它们。此外,飞翔可以在很长的距离内进行,但仅限于上升的气流。当鸟类滑翔时,它们向下移动,一直向下,直到它们到达目的地。当鸟类飞翔时,它们要么向上飞,要么很少或根本不拍打翅膀笔直地沿着气流前进。

主要目标

儿童将观察和模仿鸟类的不同飞行方式。

材料

鸟的剪纸
鸟的木偶或毛绒玩具

你能做什么

(1) 让儿童注意鸟的动作。让儿童想一些词语来描述鸟是如何移动的,比如"跳跃的""奔跑的""飞翔的""拍打着翅膀的""快的"还是"慢的""直线运动"还是"在天空中盘旋"?
(2) 简单介绍"滑翔"和"飞翔"这两个词语,并用鸟的木偶、毛绒玩具或剪纸来说明它们的含义。
(3) 给儿童一些鸟的剪纸,让他们演示如何从一个地方滑翔和飞翔到另一个地方。
(4) 鼓励儿童分享鸟滑翔和飞翔时的所感、所见、所闻。

其他建议

- 邀请儿童扮演鸟并模仿它们不同的移动方式。
- 让儿童戴着围巾跳舞,模仿蜜蜂、蝴蝶、鱼,甚至一些哺乳动物的动作,比如鹿和海豚。
- 展示鸟类飞行的图片。

动 物 瑜 伽

瑜伽是一种身体、思想和精神相结合的锻炼。成人和儿童都可以从瑜伽中受益。瑜伽涉及很多动作和姿势,其中一些动作来源于动物和自然界中的其他事物。其中,眼镜蛇、鹰、树和山等常见的瑜伽姿势很受欢迎。

主要目标

儿童将练习动物的姿势和动作。

你能做什么

(1)询问儿童,是否见过猫拱背的样子。请一名儿童主动展示猫是怎样拱背的。并解释,猫有时在小憩后通过拱背来伸展身体,有时在受到威胁时也会拱背。
(2)让儿童假装成猫刚睡醒的样子,拱起背来伸展身体。
(3)请儿童说出他们可以用身体动作模仿的其他动物,并让他们展示每个动物的样子。

其他建议

- 阅读一本关于动物的儿童书籍,让儿童模仿书中动物的动作。
- 进行"你划我猜"的游戏。让儿童轮流表演动物的动作,并让其他儿童猜一猜它是什么动物。注意,只能用动作,不能用语言来表达自己所扮演的动物。
- 进行"西蒙说"的游戏——让儿童模仿不同动物的运动方式。选择他们熟悉的动物,如蛇、鹿、兔子等,比如"西蒙说,'像鹿一样跑''像蛇一样滑行''像兔子一样跳'"。

自然拼贴画

许多艺术作品都受到自然界中的图案、颜色和形状的启发。不计其数的绘画、素描和雕塑都呈现出大自然所固有的元素。有时,自然材料甚至会被称为艺术品。在艺术活动中,儿童可以用自然材料制作拼贴画。

主要目标

通过在艺术活动中使用自然材料,儿童将更加了解自然材料的特性。

材料

自然材料,如树叶、草、树枝和鹅卵石
小容器,如纸袋、篮子或碗

你能做什么

(1)给儿童一个用于收集自然材料的小容器,让他们到户外去收集各种各样的材料。提醒儿童,在收集材料时不要破坏植物或动物的家园。
(2)让儿童用自然材料制作拼贴画,并解释拼贴画的含义,即使用不同材料组合而成的艺术作品。
(3)给儿童提供橡皮泥,让他们将橡皮泥捏成任意形状,搭配着自然材料,做成拼贴画。让儿童展示如何把橡皮泥捏成自己想要的形状——扁平的、球形的、土堆形的,等等。

（4）让儿童在捏橡皮泥的游戏中加入一些自然材料。

其他建议

- 让儿童一起制作一幅大型的自然拼贴画。
- 根据主题制作自然拼贴画，例如，制作植物、绿色的事物，或在森林里可以找到的其他事物。
- 用纸和胶水代替橡皮泥固定需要进行拼贴的自然材料。

自然中的名字

把自然和儿童读写结合起来的方法有很多，有些方法甚至可以在没有纸、笔或书的情况下完成。其中一种极具个性的方法是，让儿童用自然材料拼写自己的名字。

主要目标

通过使用自然材料拼写名字，儿童将更了解自然材料的美和特点。

材料

自然材料，如树叶、花朵和鹅卵石

你能做什么

（1）收集树叶、花朵、鹅卵石和其他小的自然材料。
（2）在一块干净的地面、桌面、大大的纸或纸板上，让儿童用自然材料拼出他们的名字。

其他建议

- 制作属于自己的名牌。用胶水在纸上勾勒出他们名字的每一个字

> 母，让儿童选择自然材料，并将其覆盖在胶水上。
> - 让儿童用木棍在泥土或潮湿的沙子上写下自己的名字。

自然颜料

植物的各个部分都可以被用来画一幅画。草叶、花瓣、浆果和各种各样的树叶经过挤压都可以制作出自然颜料。当然，在与年幼的儿童一起制作颜料时，要避免有毒的植物。

主要目标

通过绘画，儿童将更加了解自然材料的美和特点。

材料

植物的各个部分，如叶子、花瓣、种子荚和茎

你能做什么

（1）收集草、花瓣、叶子、种子荚等。
（2）将草放在纸上摩擦，向儿童展示如何利用植物制作颜料。
（3）鼓励儿童用植物的其他部分做实验，在纸上留下印记。
（4）一旦儿童熟悉了用植物制作颜料的方法，就鼓励他们画一幅画。

其他建议

- 组织一次儿童绘画展览。
- 把一张大纸铺在桌面上，鼓励儿童一起用自然材料创作一幅森林或花园的图画。
- 让儿童从院子里收集他们需要的自然材料。同时要提醒他们，尊重动物的家园，善待植物。

讲 故 事

假装游戏通常包括讲故事,故事的内容可能是成人在家里、办公室或娱乐活动中所做的事情。儿童可能表演烹饪、做园艺、露营、钓鱼、开车以及在商店或餐馆工作等。在成人的指导下(如果需要),这些场景中的角色扮演可以成为戏剧表演。为了加强儿童与自然之间的联系,你可以鼓励儿童表演与自然有关的故事。

主要目标

儿童将表演一个他们自己创编的,且与自然有关的戏剧。

你能做什么

(1)选择儿童认同的且与自然相关的主题,比如一只断翅的鸟或一只与母亲失散了的小鸭子。
(2)围绕这个主题,询问儿童的想法。
(3)向儿童解释,大多数故事都有开头、中间和结尾。和儿童一起决定故事的开头、中间和结尾的情节。
(4)与儿童一起确定故事的角色和背景。
(5)让儿童自己选择表演道具,然后和他们一起制作或收集这些道具。
(6)让儿童根据他们自己创编的故事进行表演。

其他建议

与儿童一起探究,如何用肢体语言把不同的情绪戏剧化。鼓励他们展示不同动物表达恐惧、兴奋、愤怒、喜悦等情绪的方式。

到户外去

虽然我们经常认为读写和艺术活动是室内活动,但也很有必要把它们带到户外,因为直接接触大自然可以有效地帮助儿童发展与语言和读写相关的技能以及欣赏美的能力,而且大自然具有丰富的感官刺激,易于激发儿童的兴趣和想象力。基于大自然所能提供的资源,以下建议可供参考。

- **建立户外文化艺术中心**。首先,选择合适的位置,可以让儿童坐下来阅读、书写、画画、倾听故事和朗读诗歌。然后,添加一些与读写和艺术活动相关的有趣的道具,包括各种各样的书,如小说和纪实类的,以及其他类型的阅读材料,如地图、小册子和种子目录。其中,至少应该有一些与儿童在户外环境中可能感知到的内容有关的图片和文字,如树木、土壤、蟋蟀、蚂蚁、鸟、天空。最后,为促进儿童的读写和艺术技能发展,提供书写和绘画材料,如油漆、黏土、粉笔、胶水。当然,儿童也需要一张桌子或其他合适的平面来进行书写和艺术活动。
- **到户外讲故事**。找一个特别适于倾听和讨论的聚集地,你可以在那里和儿童分享故事和诗歌,也可以分享各种书籍,比如一些聚焦于自然以及儿童在户外环境中可以感知到的事物的书。
- **创设户外表演区**。你可以将一个平台作为舞台,任何地方都可以,如一个大圆石。鼓励儿童在这里表演故事。他们可能会选择表演受欢迎的儿童读物或他们自己创编的故事。当然,也可以使用文化艺术中心的材料制作道具。

后　记

优秀的教师善于反思且目的明确。他们有自己的教育哲学，并用它来指导实践。他们关心儿童和我们生活的世界。对于教育的真正目的，他们得出了自己的结论，并始终关注他们所知道的最有益于儿童和社会进步的事物。

有人说，教育的目的是为学生在学业和事业上的成功做好准备，帮助我们的国家和社会在全球的经济竞争中获得成功。然而，也有人持不同意见。园艺学先驱理伯蒂·海德·贝利（Liberty Hyde Bailey）在《自然观》（*The Outlook to Nature*）中写道："教育的最高境界是使人对生命敏感。"但今天的教育似乎正朝着完全不同的方向发展，更注重对预先确定的事实和技能的掌握，而不是培养与"生活敏感性"相关的品质。

能力要求和评估可能会带来更有效的教育体系，但它们有助于学生产生对生活和学习的热情吗？有助于学生变得更富有同情心和爱心吗？有助于促成一个更加和平的社会吗？有助于促进自然环境的可持续发展吗？当我们为所有年龄段的学生计划教育活动时，我们应该思考这些问题。

但是，早期教育具有特殊的意义，因为早期经验在塑造终身态度、价值观和行为模式方面发挥着至关重要的作用。将儿童与自然的节奏联系起来，是使教育对儿童和更大的群体更有意义的一种方式。这样的联系既有助于培养儿童的同情心和爱心，也有助于儿童了解世界上真实存在的、正确的、持久的事物。与自然有着密切联系的儿童能够意识到，地球的资源是有限的，从而寻求更加可持续的生活方式。

在《惊奇之心》一书中，蕾切尔·卡森解释了大自然及其原有的神奇本质是如何"作为一种永不失效的解毒剂，抵御晚年的厌倦和失望，对抗人造事物的枯燥和乏味，预防我们与力量源泉的疏离"。

不幸的是，我们中的一些成人，已不再把大自然作为惊奇和兴奋的源泉。虽然我们在童年时非常迷恋大自然，但是这种认知世界的方式可能会随着年龄的渐长而变得模糊甚至消失。但无论如何，儿童仍然有机会体验这个充满惊奇和兴奋源泉的世界，让我们给他们这个机会。

参考文献

Bailey, Liberty Hyde. 1915. *The Outlook to Nature*. New York: Macmillan.

Blair, Dorothy. 2009. "The Child in the Garden: An Evaluative Review of the Benefits of School Gardening." *Journal of Environmental Education* 40(2): 15–38.

Carson, Rachel. 1956. *The Sense of Wonder*. New York: Harper and Row.

Environmental Education Council of Ohio. 2015. Environmental Education Council of Ohio, accessed December 21, 2015. Lancaster, OH: EECO.

Frost, Joe, Sue Wortham, and Stuart Reifel. 2011. *Play and Child Development*. 4th edition. Boston: Pearson.

Gardner, Howard. 1983. *Frames of Mind: The Theory of Multiple Intelligences*. New York: Basic Books.

Gardner, Howard. 1999. *Intelligence Reframed: Multiple Intelligences for the 21st Century*. New York: Basic Books.

Gardner, Howard. 2006. *Multiple Intelligences: New Horizons in Theory and Practice*. New York: Basic Books.

Guiteras, Susan Talbott. n.d. "Ecological Autobiography" (unpublished manuscript).

Kriesberg, Daniel. 1999. *A Sense of Place: Teaching Children about the Environment with Picture Books*. Englewood, CO: Teacher Ideas Press.

Louv, Richard. 2008. *Last Child in the Woods: Saving Our Children from*

Nature-Deficit Disorder. Chapel Hill, NC: Algonquin.

Louv, Richard. 2012. *The Nature Principle: Reconnecting with Life in a Virtual Age.* Chapel Hill, NC: Algonquin.

MacMillan, Meredith. 2008. "Books for Young Children about Nature." *Beyond the Journal:* Young Children *on the Web.*

Moore, Robin, and Allen Cooper. 2014. *Nature Play and Learning Places: Creating and Managing Places Where Children Engage with Nature.* Raleigh, NC: Natural Learning Initiative and Reston, VA: National Wildlife Federation.

Nature Action Collaborative for Children. 2015. "Universal Principles for Connecting Children with Nature," accessed December 21, 2015.

North American Association for Environmental Education. 2010. *Early Childhood Environmental Education Programs: Guidelines for Excellence.* Washington, DC: NAAEE.

O'Keeffe, Georgia. 1939. "About Myself." Georgia O'Keeffe: Exhibition of Oils and Pastels. An American Place Gallery, New York. n.p.

Pyle, Robert. 1993. *The Thunder Tree: Lessons from an Urban Wildland.* New York: Houghton Mifflin.

Taylor, Andrea, and Frances Kuo. 2006. "Is Contact with Nature Important for Healthy Child Development? State of the Evidence." In *Children and Their Environments: Learning, Using and Designing Spaces.* Cambridge, UK: Cambridge University Press.

Whitman, Walt. 1867. *Leaves of Grass.* 4th edition. New York: William Chapin.